你也能學會的
豐盛鍊金術

14 天清除限制信念與金錢匱乏感
重啟你的豐盛之路

葉妍伶 Renee——著

推薦序

魔法主婦

本書不是飄在空中的純心法分享，而是有科學佐證的落地導引。深入淺出地結合腦科學和迷走神經等論述，讓讀者理解為什麼要冥想；當你透過在岸上觀看書中實例的卡點，知道如何一步步打破限制，進而創造生活的餘裕。根本是一盞迷茫心海中的超亮霧燈。

我是那位在 Renee 粉絲頁和本書中神出鬼沒的魔法主婦，最常掛在嘴邊的一句話就是：每個問題都是帶著禮物來的。每當被重擊，我會躺平一下，然後開始想：這次是要給我什麼彩蛋？解鎖什麼技能？帶著微微的痛楚，又略帶興奮的心情，打怪迎回豐盛。

熱愛探索內心的我，閱讀過的身心靈書籍不在少數，卻甚少有像本書這樣讓閱

讀體驗如此絲滑且章章引發共鳴的作品。2D的文字竟立體到彷彿Renee就坐在我面前跟我聊天一般。誠摯推薦大家花一場電影的時間，為自己帶來改變的奇蹟與契機。

喵喵教主

我一直由衷佩服每個媽媽。身為老師，我遇到過各式各樣的媽媽。許多媽媽們在親職、家庭與自我實現之間的平衡上，總會有些緊張與焦慮，難以樂在其中。我覺得，雖然每個人面臨的情況不同，但是人生追求的大方向卻是相同的——想被尊重、想被愛、想要快樂。只是，有時候我們會在人生這座森林裡迷路。迷路久了，便會忘記自己來到這座森林的目的。有些人甚至乾脆定居下來，認為：「喔，我就是這裡的原住民，得一輩子住在這座森林裡呀！」

這就是我支持Renee寫這本書的理由。嘿！妳選擇了這條路，走進了這座森林，是因為妳相信，穿過森林後有更美好的風景在等著妳。讓Renee幫妳照亮這條路吧！不再迷失、不再困惑，離開那些自我限制的思維，新的路途才會展開，有更美好的風景在等著妳。出發吧！

「芬妮說書 booksfannie」版主 Fannie

二〇二〇年，當我初次接觸豐盛冥想時，我先生以為我被邪教詐騙，整天聽著空靈的音檔，不知所云。直到本書付梓出版時，我已重複做了豐盛冥想七個回合。在這七個回合中，我逐漸解放禁錮自己的思想枷鎖——所謂的限制信念。不怎麼閱讀寫作的我，開始經營「芬妮說書」自媒體，和我媽和解母女關係，甚至因此出了一本書。

情緒向來火爆的我，在冥想過程中清理了情緒遺毒，與團隊、孩子和先生的溝通都更加和善而堅定。長年待在同一個環境的我，從待了11年的公司裸辭，因緣際會換了更適合我的工作，薪資和資產都有所成長。

如果要我重新選擇，我不會選擇一個沒有豐盛冥想的人生。那個人生轉捩點的關鍵，是我在二〇二〇年認識了Renee。這本書，是她運用她所有翻譯過的相關知識，融合她的親身經驗和經手過的個案，把豐盛冥想的道理，用白話文如行雲流水般闡釋清楚。

這一點都不空靈，反而很科學。我很幸運，比讀者更早詳讀全書，閱讀的過程中，文字彷彿有聲音，又讓我有機會融會貫通每個人都能學會的豐盛鍊金術。

如今，讀者也很幸運，能透過文字認識Renee。在你閱讀本書前，我得下個警語：讀完後，你會解除限制信念，彷彿換了一個腦袋。豐盛要向你衝過來了，你準備好迎接嶄新的你了嗎？趕快翻開下一頁吧！

「《來～跟毛小孩聊天》作者」Leslie

Renee是我看過最能夠把「豐盛」兩個字，說得最通透又簡單的代言人。吸引力法則、豐盛顯化這些關鍵字這幾年爆炸大流行，每個人都嚮往富足的財庫或心靈，可是能落實又接地氣的做法卻如鏡花水月，看得到摸不著。

本書從解除那些我們習以為常的傳統觀念制約開始，例如「吃苦當吃補」、「不辛苦工作就沒有錢」，再到正視自己需求、如實面對自己慾望的作法，最後到練習豐盛的創造力技巧，一氣呵成，讀來行雲流水非常過癮，甚至讓人躍躍欲試！堪稱手把手的豐盛家教一對一教學！

「心語身心靈推廣中心」張淑瑤老師

因為Renee想要給的更多，促成了我們催眠旅途上的師生緣。在傳統家庭教育環境下成長的她，從困擾的情感關係脫身、隻身赴矽谷創業、決定帶著腹中孩子回台單身成家，現在享受幸福豐盛的生活。這活脫脫就是一部發現豐盛、享受豐盛到分享豐盛的鍊金歷程。

我很高興她用更系統、易操作的方式教大家鍊金，曾有我的個案形容 Renee：「我只是跟著她一起做，心裡就帶進了光，神奇的是，經濟狀況也變好了，好想成為她這樣自帶光芒的人。」其實，這樣的光芒，也是作者一次次勇於面對問題，誠實做自己才淬煉出來的。我欣賞她理性腦的爽俐行事風格，佩服她在不斷學習後那洞徹的瞭然。更愛她每歷經一次的蛻變後那坦然的分享。她做到了「不僅可以說一口好療癒，也活出了生活中的好風景」。

在本書中，Renee 分享在職場上如何被珍惜對待的心法，分享自己跟開心果，甚至跟母親那充滿愛、互相學習的歷程，分享在金錢上如何變得豐盛。她把一路走來驗證成功的技能，透過一則則故事告訴你觀念到作法，讓你手持金鑰，進入名為豐盛的寶山。如果你渴望心中有光，口中有愛，口袋有錢，讓這本書陪你走下去。

作者序

這本書完成於二〇二四年的夏天，在這燠熱的季節，我終於也感覺到求好心切帶來的拖延症有多麼嚴重。豐盛冥想改變我太多了，豐盛冥想啟發我去創造屬於我的時間觀、金錢觀、感情觀，我要怎麼用一本書的篇幅把我這幾年修習的經驗與心得整理成鍊金術，寫完整、寫清楚交給讀者？

我的兒子開心果在我寫這本書的時候還沒上小學，也還不識字。我在寫書的過程中，經常一邊著墨著工業革命後的基礎教育，是如何利用效率和量產的觀念把活人教成工具人，一邊思考著我要如何引導孩子開創自己的人生。我懷他、養育他，是希望他能體驗人生，好好當人，別當社畜。

因此我寫下的每一個主張、每一則領悟，都是我真心想傳遞給孩子的人生觀、時間觀和價值觀。

確實，錢可以解決問題，錢也可以開創未來，我不但練習讓自己有錢，我也期待開心果有錢，但不只是「擁有金錢」，我更希望他能理解錢的道理和用途，知道怎麼創造財富、吸引財富。

其實創造財富的道理很簡單，就是張開眼睛、敞開心房。「江湖一點訣，講破不值錢」，但這世界依然是不信者恆不信。我們經歷了家庭教育、校園教育、職場教育，植入深刻的限制信念，只相信一分耕耘一分收穫，相信服從校園與職場的獎懲制度，就能兌換衣食無缺的安穩生活，縱使已經有許多人靠覺察致富、靠體驗致富、靠創新致富，但我們卻很難相信自己也辦得到。我常在網路上看到留言寫著：「媒體的報導都是倖存者偏差，只有少數人可以致富。」

那我就好奇了，既然他能倖存，為什麼我們就不能倖存呀？又是什麼樣的限制信念和標籤，讓這些留言者篤信自己做不到呢？

南門書局出版一套漫畫科普《經濟學駕到》，其中一冊《揭開財富的祕密》就在說明觀察力與行動力就是財富的祕密，當讀者能夠觀察自己的喜惡、觀察市場的動態，就算是不賺錢的事都能投入下去，並且挖到金礦。我非常喜歡這個觀念。

前幾天開心果和阿嬤聊到了頭等艙機票，我問開心果：「你會想在空中洗澡嗎？」

他們這個世代的孩子都是看環保繪本長大的，我原以為他會為了環境打消念頭，果然他一聽就搖頭，但過幾秒又誠實地點點頭說：「我會想試試看耶。」

於是我跟開心果說：「好，頭等艙機票一張可能可以抵十張經濟艙機票，你可以拿很多錢去買，這絕對沒問題。你賺到的錢可以自己決定怎麼花用。」

「但有許多人搭頭等艙都不必出錢，媽媽口譯過的對象，幾乎沒有一個人是自己付機票旅館的錢。媽媽去國外口譯，也不是自己出機票旅館的錢。」我繼續說：「當你把一件事做得很好，好到別人想知道你是怎麼做的，就會有人邀請你去旅行，像是畫家、歌手、廚師、調酒師、經濟學家、科學家、醫生都是。」

「今年你要升小學，剛好暑假有巴黎奧運，我們一起來看比賽。不管是空手道、舉重、網球、足球、霹靂舞、帆船，只要把一件事做好就可以發光。」我帶著最豐盛、富裕、豪奢的時間觀對他說：「你的小學六年就是用來嘗試，去看看你喜歡做什麼、擅長做什麼。不一定要當運動選手，你可以觀察場邊其他人：領隊、教練、裁判，甚至是設計衣服、設計鞋子的科技。球桿、球棒、球拍這些都是高科技，一支球拍有幾百元的、有幾萬元的、也有幾百萬元的。樂器也是，鋼琴或吉他也有幾百萬元的、毛筆和畫筆也是。」

「喜歡一件事，我們去認識整個產業，這就是我們暑假最重要的事。」

其實，這是我們人生中最重要的事。豐盛冥想教我們觀照自己的內心，體會看看哪些事情能讓我們發自內心地嚮往，再順從自己的心聲往前進。我在實踐豐盛冥想和經營社群的過程中經常感受到窮人和富人的差異。除了教科書級別的經典案例——深具匱乏感的人面對慾望時，總會在第一時間對自己說「我付不起」；深具豐盛意識的人會問自己「我要怎麼做才付得起？」另外，一個富人與窮人間顯著的觀念差別是：心懷匱乏感的人一直想成為「別人」，而活出豐盛感的人都在做自己。

許多人在豐盛冥想的社團裡都會期許自己「變得更自律」、「對孩子更溫柔有耐心」、「更勤奮認真」，甚至也有人問我「要怎麼練習才能『見得別人好』，並感受正能量？」

我聽到這個問題的時候很心急也有點傷心：「妳覺得自己『見不得別人好』很糟糕，是嗎？」

提問的人說：「對，我感覺到自己在嫉妒同事，很負面。」

「我理解，當別人擁有了一樣好東西，而妳沒有，這時候沒辦法發自內心替他高興，同時還會覺得自己心眼小。」我見她點頭如倒蒜，便繼續說下去：「如果羨慕和嫉妒這些情緒對我們不好，為什麼神明、上帝、宇宙或人生還要給我們這些情緒呢？狐狸吃不到葡萄說葡萄酸，那妳覺得狐狸想不想吃葡萄呢？」

她點點頭。

「是啊，狐狸肯定是想吃葡萄的吧，就像妳肯定是覺得那樣東西很好吧。如果今天妳同事獲得了一樣妳根本不稀罕的東西，例如驗孕發現懷了五胞胎，妳聽了一點也不會嫉妒吧。會讓妳嫉妒的，往往表示那東西也是妳的目標、妳的追求。所以嫉妒心是來喚醒妳的好奇心和上進心呀！如果說，妳感覺到妒火在燒，這時候妳願意陪伴自己、肯定自己，然後對自己說『我感覺到了，我知道自己很想要那個升遷的機會』，接下來妳去請教同事，她做了哪些準備才獲得這個升遷的機會，把她當做妳的前輩，汲取她的經驗，妳會不會覺得那樣的妳是個不一樣的人？」

她點點頭說：「對，我就不會覺得我們是敵對的，也不會覺得我的上進心和企圖心都要隱藏起來，或是在辦公室都要假裝不在乎。」

其實我們不必假裝個性開朗、假裝心胸寬大，努力傳遞正能量。相反地，我們需要練習做真實的自己，接納原本以為不討喜的自己。

這些話不是我說了算，我身邊的很多富人都實證過了。白手起家的矽谷創業家與投資者納瓦爾（Naval Ravikant）曾說過：「致富之道在於找出自己的獨特性與社會需求的交會點，從中創造財富。」

許多人都以為要創造或符合社會需求，就要知道現在市場上熱門的主題是什麼，快速熟悉之後再進入那個產業賺錢。從十大建設時代的土木系到後來的電機系、資工系，取代成為學生和家長心中的第一志願就可以看出這種觀念，但納瓦爾和我服務過的很多企業總裁、總監都認為做自己和做自己想做的事情最重要。當他們投入做自己和自己真心想做的事情，他們聽到的都是「我們正在找你這樣的人！」不是別人，他們就只要你！

這樣的職場關係和感情關係才能真正終結不安全感和不穩定性，不是嗎？否則不管自己的專業能力再強，總是會擔心「江山代有才人出」，那又繼續焦慮和匱乏了。

有些人可能會接著問：「但我能力沒有很強，別人怎麼會需要我呢？」

這會是我在這本書中花許多篇幅去解釋和破除的限制信念，我們不需要「成為」最好、最強、最優秀、最厲害的人，我們只需要做自己。每天接納自己、肯定自己、疼惜自己，我們就會更好更強，日子也會更充實、更幸福、更圓滿、更豐盛。富人都明白複利的效應，窮人都盼望一夕爆富。一個願意每天花時間觀照自己、陪伴自己的人可以穩步走在進化的道路上，從正面事件中獲得動力，從負面體驗中獲得智慧，這樣的人自然是不斷散發著吸引力，吸引來能讓自己發揮天賦與才華的機會。

這本書的每一頁，都承載著我對開心果的期望與對人生的思考。我希望透過這本書，讀者不僅能學會如何賺取財富，更能學會如何創造豐盛的生活。豐盛不是單純擁有物質財富，而是擁有自由選擇的權利，擁有做自己真正熱愛的事情的勇氣，擁有在生活中發現美好的能力。

如果你也曾被社會的標籤束縛，若你也在為了生存而奮鬥、卻忘了生活的意義，那麼這本書就是為你而寫。讓我們一起打破那些深植於心的限制信念，走向一條屬於我們自己的鍊金之路。

最終，我希望你能從中獲得力量，重新審視自己的價值觀，並帶著滿滿的自信與勇氣，去創造你自己的財富與人生。這本書是一個全新的起點，讓我們一起出發，迎向屬於你的豐盛人生吧！

目錄

寫書評送錢龜

01

壓力封鎖了你鍊金的能力

什麼是豐盛冥想？

「只要冥想就能過豐盛的生活？是只要冥想就能有錢嗎？怎麼可能？」

我抱持著這種疑惑開始對自己進行人體實驗，帶著知識分子的多疑和驕矜，一邊練習一邊在臉書社團裡記錄。原本我的生活和豐盛冥想根本八竿子打不著。我是一名專業口譯員，表現優秀，收入也很優渥，但二〇二〇年爆發了Covid-19，大型國際會議都被取消了，我的收入銳減。其實「銳減」太輕描淡寫了，疫情剛爆發的那三個月，我的所有工作都沒了，收入瞬間歸零。

我還記得那年的除夕夜，心裡很難受，因為年節之前不斷接到客戶來取消工作的電話。邊界封鎖了，講者不能來臺灣，會議和群聚活動都要取消，連場地都退租了，當然沒有口譯需求。以往大型會議通常會延期再辦，但那時大家只知疫情短時間內會愈來愈嚴重，沒有主辦單位知道什麼時候可以恢復群聚，只能取消。這又屬於不可抗力，我們拿不到取消費，眼睜睜地看著自己的行事曆和預期收入都空了。

那個傍晚，我連兒子的紅包錢都捨不得給，反覆跟自己說：「開心果才兩歲，又不知道什麼是紅包。」、「反正包給他還不是要收回來。」、「我不包給他，他也不會曉得。」

我就是在這麼困窘的情況下接觸到了豐盛冥想。我以前忙著做口譯的時候，因為在會議中無暇看手機，很多訊息都要等到會議結束才有空回覆。那陣子沒有口譯，經常掛在線上，我的朋友魔法主婦發現我回訊息回得很勤快，聊了幾句後就感覺到我的焦慮感從手機螢幕上瀰漫出來，她說：「我朋友最近推薦我進行豐盛冥想，我做了幾天感覺很不錯，妳要不要試試看？」

在那之前，我翻譯了幾本和冥想有關的書。當時的我並不相信冥想可以創造豐盛，但我知道我沒有口譯工作，在家的時間就變多了，就會影響家庭氣氛。如果我喪志消沉，我就會變得情緒比較不穩定，接下來就很容易對孩子失去耐心，當時我兒子開心果才剛滿兩歲，是個很多地方都還需要大人協助、很多需求都還沒辦法清楚表達的階段，我知道如果我沒耐心去理解他或協助他，就很容易遷怒他。我失業不是他的錯，自然不該讓他承受我失志的後果。他可以失去一個富媽媽，但不能失去一個好媽媽。

我疫情前翻譯了《設定目標，活出精彩人生》[1]、《壓力更少，成就更多》[2]與《能量七密碼》[3]，曾經一邊翻譯一邊跟著習作，深知冥想有調節壓力、穩定情緒的功能，只是我很沒有毅力，做很多事情都三分鐘熱度，所以始終沒有持之以恆地冥想。魔法主婦介紹豐盛冥想給我的時候說這個練習要持續二十一天，找幾個伴，大家維持同樣的進度，每天打卡互相鼓勵。這種方法很適合我這種懶蟲，不擔心自己只是一腦熱沒後勁，中間要是真的怠惰了，也可以跟自己說只要結束這一輪二十一天就可以好好休息，好歹把這輪做完。

就這樣，我原本只是想要緩和自己失業時的財務焦慮感，並且用這二十一天的設計來延長我的三分鐘熱度，結果我開始領略到生命的豐盛，並逐步創造豐盛的生活。

豐盛冥想 21 天

結果，二〇二〇年的前三個月雖然我收入歸零，一毛錢也沒賺到，但是在那年十月底我統計業績的時候，我發現我已經在十月底做到了前一年全年度的營業額。

豐盛可以複製嗎？

這是怎麼辦到的呢？這種經驗可以複製嗎？複製有兩種意義，第一種是指我能不能繼續再創這個經驗，每個月都進行一輪又一輪的豐盛冥想，讓我越過越富足？第二種是指別人能不能透過同樣的練習獲得這個經驗，讓愈來愈多人體驗豐盛？

於是，我開始帶著實驗精神去看社團裡的留言，去觀察那些順利進行豐盛冥想的人有哪些共通的思維，而進展不順利的人又分別是在什麼地方受阻。

---

1 瑪莉卡．喬布拉，《設定目標，活出精彩人生：6個正向練習重拾美好生活》（*Living with Intent: My Somewhat Messy Journey to Purpose, Peace, and Joy*），時報出版，2018。

2 艾蜜莉．芙萊契，《壓力更少，成就更多：讓生命非凡的靜心技巧 Ziva》（*Stress Less, Accomplish More: Meditation for Extraordinary Performance*），方智，2019。

3 蘇．莫特，《能量七密碼：療癒身心靈，喚醒你本有的創造力、直覺和內在力量》（*The Energy Codes: The 7-Step System to Awaken Your Spirit, Heal Your Body, and Live Your Best Life*），方智，2020。

過了一年，經過觀察和累積，知道怎麼用更淺白的方式來解釋豐盛冥想之後，我想推出入門版的豐盛冥想，我的催眠老師這時正好決定重啟她的催眠教學工作。我在她的教導下成為催眠師，動手製作自己的冥想內容，在二〇二二年的年底推出「二十一天新版豐盛冥想：老娘有錢」線上課程運用豐盛冥想清除限制信念，調整轉變金錢觀與價值觀。

「老娘有錢」推出之後又過了一年，我透過學員和個案的回饋，更清楚地知道自己完全可以用清楚的語彙，不空靈玄虛的方式來說明豐盛與冥想的關係，便向出版社提案來寫這本書。

用冥想來創造豐盛

首先，「為什麼冥想可以創造豐盛？」

光這個提問，就讓人充滿問號——冥想可以「帶來」豐盛嗎？還是冥想可以「讓人（變得）」豐盛嗎？還是冥想可以「創造」豐盛嗎？——其實，這個問句本身就是個假議題，因為我們本來就是豐盛的。

我知道你不相信，沒關係，我本來也不相信。我是在印刷工廠裡長大的，我爸媽白手起家，據說他們婚禮收到的禮金通通都拿去買紙、買墨了，所以我剛出生的時候沒有嬰兒床，而是走在時代最尖端，跟進步的芬蘭國嬰兒一樣睡在紙箱裡。小時候的記憶是臺北淹水一次，我們家就破產一次，因為……我們的家產就是……紙。我怎麼會相信我們本來就是豐盛的？可是儘管我強褓時期住在一個通風、排水、隔音都不好的廠房，但是我擁有一個相當優渥的童年，每年寒假都可以出國旅遊，我爸媽在最年輕力盛的人生階段很快地就從胼手胝足到了安居樂業。

原來豐盛在此處的意涵並不是指物質的豐盛，而是創造力。

我們原本就具備了豐盛的創造力，只是這股生命泉源被各種壓力給堵塞了，所以我們必須先學會消除壓力、認識自己，感受到自己有源源不絕、豐沛充足的創造力，然後物質的豐盛會自然水到渠成。

所以冥想可以創造豐盛嗎？可以，但不是說坐著放空，金錢就會自動跑出來，讓人過著豐衣足食的生活。冥想的作用是先讓我們認識壓力、覺察壓力、排解壓力，然後解放被壓力封印的創造力，讓我們取回原本就屬於我們的豐盛。

用冥想調節壓力

那麼，冥想如何讓我們調節壓力呢？

我在翻譯《壓力更少，成就更多》的時候，最大的收穫就是明白壓力不等於生產力。許多人都以為壓力是成功的要素之一，可能是因為都曾聽過「承受得了壓力的煤炭就會形成鑽石」、「吃得苦中苦，方為人上人」這類的雞湯金句。

印度演說家薩古魯[4]曾經到全球各地的大學演講，印度商業菁英搖籃德里大學芮姆學院的學霸就把握機會問他說：「大家都說壓力很負面，但壓力給我動機，我不想輸，所以才會進到我夢寐以求的學校，所以壓力真的不好嗎？還是壓力可以給人進步的動力？」

薩古魯笑著說以前印度排燈節有個習俗，有些小鎮會在罐子裡裝鞭炮，綁在驢子尾巴上，一點燃鞭炮，可憐的驢子便嚇得拼命往前衝，速度比賽馬更快。薩古魯問這名學霸：「你覺得這是給人生動力的好方法嗎？」（其實學生問的不是「壓力」而是「嫉妒」，但我認為這是一樣的概念，因為許多人的壓力來自於人與人之間的比較，容我稍後細說）。

壓力不是動力的來源，事實上，壓力是倦怠的來源。為什麼短時間的壓力會讓人工作起來幹勁十足，可是長時間的壓力卻讓人厭膩？

若回到一萬年前，當時的人類靠狩獵和採集維生，如果你在找野果或找野兔的過程中，有隻老虎從樹林裡跳出來要吃掉你，這時候你的身體會立刻啟動一連串化學反應——你的視線會從廣角的尋寶模式變成聚焦的隧道模式。這樣你就不會分心去賞花、賞雲、賞鳥，你會很專心地看著前方的逃生路線；你的膀胱和腸道都會淨空，邊奔跑邊排泄，讓你更輕盈更敏捷；你的心跳加速、肌肉緊繃，全身都會調度資源讓你活命。

這就是為什麼有些人覺得考試前看書或會議前一天做簡報特別有效率。不過，既然是調度資源，表示這些專注力和爆發力不是憑空出現的，是從別的地方徵調，

4 全名為薩古魯・賈吉・瓦殊戴夫 Sadhguru Jaggi Vasudev。

靠其他器官在加班過勞，所以同時間，酸性物質也會進入你的血液裡，讓你看起來沒有光澤、聞起來略有腥味，這樣老虎會感覺你很難吃。你的血液會變濃稠，這樣就算被咬一口，也不至於流血過多而死。還有，你的免疫系統這時候會拿不到資源，畢竟，如果下一秒就被老虎吃了，過敏和腫瘤還算什麼呢？

以前的人就算倒楣一點，一輩子頂多遇到兩三次老虎，不會每個月都被老虎追，但現代人卻是每天都在虎口求生。每次壓力一來，身體就開始化學反應，還沒代謝或恢復到平衡，新的壓力又來了，在這種「一波未平、一波又起」的情況下，體內的壓力荷爾蒙經常濃度過高，血液中的酸性物質會讓我們看起來特別衰老乾皺；當血液變得黏稠時，會導致血壓上升，並減緩血液流動的速度，這使得一些物質容易堆積在血管壁上，進而形成阻塞。特別是在末梢較為細小的血管中，紅血球可能難以順利通過，導致細胞無法獲得足夠的養分和氧氣。

另一方面，當免疫系統失衡時，免疫力可能過低，身體更容易受到病毒感染，導致反覆感冒；而若免疫力過高，則可能引發過敏反應，甚至導致免疫細胞錯誤地攻擊自身組織，進而產生自體免疫疾病。

慢性壓力對身體有這麼多傷害，我們該怎麼辦？

如果我們的身體像個容器，壓力就像沉積物，過去所累積的壓力已經影響水質了，這時候新的雜質還不斷扔進來，要淨化這瓶水並不容易。我們能做的第一步是減少新的壓力進來。

讓你瞬間放鬆的兩倍吐納法

如果你是一個很容易察覺到身體緊繃的人，例如你會注意到自己在咬牙、握拳、聳肩等等，你可以立刻用兩倍吐納法來放鬆身體。

當我們被壓力脅迫，感覺到自己有生存危險的時候，大腦就被杏仁核控制了。由於杏仁核比語言能力發展得更早，所以我們跟自己說「別緊張！放輕鬆！」通常都沒有用，若別人跟我們說「別緊張！放輕鬆！」那更是無效，等於囉嗦。杏仁核不懂語言，單純靠威脅感開啟，靠安全感關閉，所以要調整杏仁核，一定要調節體感。

兩倍吐納法的要訣就是吐氣的時間是吸氣的兩倍，也就是吸氣兩拍就吐氣四拍。第一次練習兩倍吐納的時候，可以一邊呼吸一邊算拍子，鼻子吸氣數到二，接著嘴巴吐氣數到四，再用鼻子吸氣數到二，接著嘴巴吐氣數到四。大約五到十個循環就會感覺自己冷靜多了。

這個吐納法也不一定要閉上眼睛，甚至可以邊走邊做。我的學員曾經一邊接客戶的申訴電話一邊做，大呼效果極佳：「那通電話可說是我這輩子修養的顛峰！」我也很建議大家在開會的時候做、準備上台前幾分鐘做或甚至是要見大老闆大客戶之前在電梯和走廊上做。吐納完之後走進辦公室或走上舞台會感覺自己氣定神閒、頗有大將之風。

認識這個節奏之後，請一邊呼吸一邊想著你最感激的三件事。這個步驟和大腦的神經可塑性有關，會協助我們建立成長思維。請劃重點記起來。恐懼、緊張、焦慮都來自匱乏感，擔心「沒有」，像是沒有錢、沒有臉、沒有明天。

當我們心存感激的時候，大腦會用盡所有的資源去想你「有」什麼，這會創造富足感。

人腦沒辦法同時間處理富足感和匱乏感，所以感恩練習就是在消除恐懼。

> 感恩可說是克服恐懼最有效的解藥了。打從心底真誠感恩的人，是感受不到恐懼的，任何瀕臨恐懼邊緣的感受，都會消融於感恩之中。
>
> ——楊定一博士

你有察覺到自己的壓力嗎？

那如果你是一個不容易察覺到壓力狀態的人呢？不瞞你說，過去的我就以為自己對壓力無感。我研究所畢業回到臺灣就進入外交部擔任總統、副總統的口譯員，後來又到國防部去負責軍事口譯。以前很多人問我：「做這工作會不會壓力很大？妳怎麼調適壓力？」

當時，我都很蠢地說：「我不太會有壓力耶。」然後大家聽了還誇我天生適合吃這行飯。

我一直到懷了開心果，胎象不穩經常出血，才終於意識到原來我一直過著高壓的生活。失眠不是因為我多麼熱愛閱讀會議資料，看得津津有味所以睡不著，也不是因為我的責任感強烈到我覺得沒看完資料不能睡。失眠就是因為壓力。我身高一七三公分，以前愛穿高跟鞋，一踩上去都有一百八，所以聳肩圓背大家也覺得是因為我太高了，也沒想過是壓力造成的。我開會的時候不曾咬指甲或抓頭髮，但我會一直喝咖啡，還以為是鐵胃，從來沒有咖啡因過量的困擾。

開心果在我的肚子裡就像個壓力計，我知道壓力和情緒都不是無形的，而是一管又一管的荷爾蒙直接噴灑在身體裡，不同的化學激素隨著血液循環去通知腎上腺、去指揮心臟、去影響不同的器官。我們母子臍帶相連，這些壓力荷爾蒙自然會流進他的身體裡。開心果是我的恩人，他來到我的生命中教我的第一件事就是停止慢性自殘，讓我結束當時高壓的生活型態。

如果你和我一樣，對身體的壓力反應比較遲鈍，又想減壓該怎麼辦呢？我的建議是照三餐做身體掃描（請見第33頁豐盛練習1）。

身體掃描只需要兩分鐘，如果你很專心地掃描全身，通常會發現有好多部位原來很緊繃，是那道光線熨過了才放鬆一些。

如果你發現你沒辦法掃描全身，總是好像進行到一半，思緒就飄走了，開始想著其他事情了，這也是個很好的訊息。通常要多做幾次才會留意到，這也沒關係，表示你那個區域的能量不通暢、瘀住了，所以光線過不去。比較入門的方法就是針對那個區域做些伸展運動，譬如轉轉頸子、擴胸、後仰。做個幾回之後，把意念集中在那個區域，專心地做幾次兩倍吐納法。

請你想像一下，你最疼愛的那個小孩——可能是你的孩子、你的學生、你的鄰居或任何一個你想到的小朋友——以為有老虎要吃掉他，所以死命地往前跑、往前跑、往前跑，最後撲倒在你懷中。你很確定他現在生命無虞，真的沒有老虎來索命，這時候你會對懷中的小孩說什麼呢？

我會說：「沒事了，沒事了，你很安全，有我在，你現在很安全。」

不管你是對壓力敏銳或遲鈍的人，在做這些呼吸法之前，你的杏仁核也以為你要死了——要被老闆罵死了、要被客戶氣死了、要被男友煩死了。做完呼吸法趕走老虎之後，請把你的右手放在你的左胸前，再把你左手放在你的右胸前，雙臂交叉環抱給自己，也可以輕柔地拍拍自己，然後跟自己說：「沒事了，沒事了，你很安全，有我在，你現在很安全。」讓你的杏仁核知道你沒有身陷絕境。

最後，我想跟你說：

壓力傷身，用化學殘留的概念來理解，就更能明白長期承受壓力等於慢性自殘，大腦也會一直處於求生模式，擔心沒有明天。沒有足夠的腦力去啟用額葉皮質的高級功能，像是思考力、判斷力、想像力、創造力，那就豐盛不起來了。所以鍊金術的第一步就是練習減壓。

豐盛練習1——身體掃描

請想像有一道光，從頭頂照耀下來，一公分、一公分地往下漸次籠罩著全身。

先感覺到頭皮放輕鬆、額頭放輕鬆、眉毛、眼窩、臉頰、嘴角、牙根、下顎、頸子、肩膀、上臂、手肘、下臂、手腕、手掌、手指頭，再感覺到光線沿著脊椎進入心臟、肺臟、腹部、臀部、大腿、膝蓋、小腿、腳踝、腳掌、腳趾頭。

Note

——寫下你的想法，覺察自己！

02

寫下自己的血條日記

誤解壓力的影響

除了誤以為壓力是一種動力之外，我以前也誤以為壓力會讓人表現得更好。大概是小時候看太多那種臨危不亂、急中生智的民間傳說、成語故事，以為人在壓力下就可以啟動從未被開發過的潛能。確實，都市傳說裡有人在地震或火災的時候可以扛著冰箱衝下樓，但那是多麼生死交關的時刻，我們不需要把日常生活也過得那麼刺激。

許多人佩服口譯員可以在那麼短的時間裡、那麼重大的場合中，不論講者說了什麼都能迅速翻出來，甚至沒有機會翻字典或查網路。我在讀翻譯所之前也覺得口譯員一定抗壓力驚人，能讓大腦高速運轉，結果我在翻譯研究所裡面發現完全不是這麼一回事。

翻譯所上課很像選秀節目，但我們沒辦法自選曲目，是由老師選曲，要選手唱哪段他就得唱出來。我們上逐步口譯的時候，通常是老師選一則演講影片，全班一起聽，幾分鐘後老師就會按暫停，挑一位同學把剛剛那段翻出來。說也奇怪，能進入翻譯所的研究生都已經是語言能力卓越而且有翻譯經驗的人了，可是在教室裡被當成準會議口譯員訓練的時候，大家就會特別在乎表現，可能會想要把每個單字、每個音節、每個抑揚頓挫都聽清楚，或是想要把每個細節、每個數字都記下來，要不就是希望自己的譯文更精準、更流暢、更道地，結果被老師點到的時候反而支支吾吾、吞吞吐吐。

老師看著座位上的我們，明明每個人都有堅強的實力，每次被點到名字就好像要上去殘酷舞台，麥克風開了之後又灰頭土臉的，便介紹了翻譯研究界重要學者丹尼爾・吉爾（Daniel Gile）提出的氣力模型（Effort Model）。口譯員要同時間聆聽、理解、分析、記憶、說話，有時還要檢查投影片，就是同步多工在操作大腦。如果我們用小時候玩電動遊戲的生命血量「血條」來示意的話，就會像是左邊的血條圖這樣。

在理想狀態下，腦力可能可以均勻地分配給這些任務，並根據不同的狀況來挪用和調整。例如，講者如果脈絡清楚、條理分明，就不需要那麼費力理解，可以有更多腦力來想想怎麼傳達自己的譯文。

若講者有不熟悉的腔調又一直引用冷僻的典故，那就要花很多力氣來聆聽和理解，自己的譯文就沒辦法太強調修辭，須以表意完整為目標。

老師這時候板擦一揮，把這血條抹掉一半說：「但是菜鳥都花太多時間緊張和心慌了，你們的腦力都用來質疑自己，不確定自己有沒有聽懂、不確定自己有沒有記全、不確定自己有沒有說錯。所以你們實際上用來執行口譯工作的腦力只剩這一點。」

這時我才忽然明白為什麼坐在台下的時候都覺得這段落超簡單，要翻得流暢、

通順、正確又優美還不簡單？可是被老師點到的時候，就偏偏辭不達意。我們心中有超多雜音，有時甚至覆蓋了講者的聲音，這樣一來聽力和理解力當然都打折了。

壓力對大腦的影響

我在向簡．尼爾森博士（Jane Nelsen Ed. D.）學正向教養的時候更進一步認識了壓力對大腦的影響。我們可以透過手掌來認識大腦結構。我們先攤開手掌，手腕和掌根就代表腦幹，控制著我們的維生本能、調節著我們的自律神經，像是呼吸與心跳，這就是我們的原始腦。

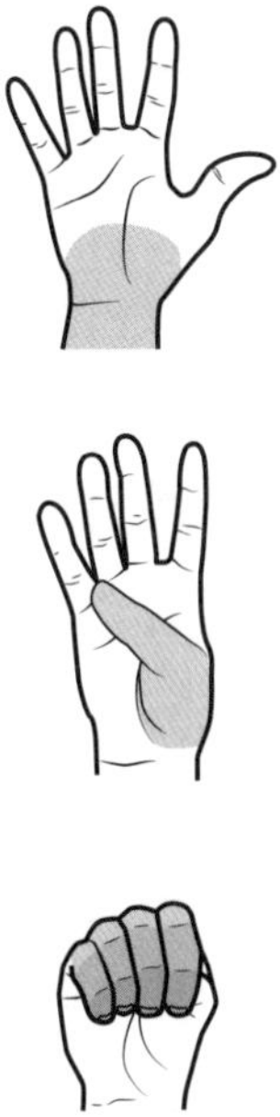

接下來，我們把大拇指貼著掌心，比出「四」的手勢，這時候大拇指就代表了中腦，管理我們的求生本能，包括睡眠、交配、防禦和戰鬥。杏仁核在這裡像雷達

一樣偵測外界威脅，負責掌管焦慮、驚嚇、恐懼等情緒，也稱為「恐懼中樞」，戰或逃的反應就是從這裡來的。中腦也儲存了我們的恐懼、批判，記錄著我們認為自己哪裡不夠好。

下一步，握拳，讓四支指頭覆蓋大拇指，從手背、指頭到指甲，這就是我們的皮質。手背的部分是後區枕葉，負責調節你的感官，包括觸覺、視覺。第三指節這時候在整個拳頭的最上方，代表頂葉，負責統整資訊和空間知覺。第一和第二指節就是額葉，思考就是在這裡進行的，尤其是有指甲的第一指節，這是前額葉，負責情緒管理、人際關係、理性思考、是非對錯。

壓力一來，情緒高漲的時候，我們的四根手指頭就會彈開來，露出大拇指，整個大腦會完全交由杏仁核來指揮控制。杏仁核會快速喚起過去負面的情緒記憶，按照慣性模式做出反應，這種時候就是「杏仁核綁架了大腦」。不但沒有辦法彈性思考、顧及人際關係，連基本的聽說都會受到影響，所以很多人一急起來，講話就會一直跳針，無限鬼打牆，旁人說的話也完全聽不進去。因為這時候枕葉、額葉都拿不到資源，腦力都被杏仁核拿去做出迅速的衝動反應了。

調整體感的技巧

那要怎麼辦呢？因為掌管語言能力的大腦區塊這時候失靈了，所以不管是對自己說或聽到別人說「想想辦法呀！」都沒有用。要逆轉這種反應，還是必須先調整體感。

大家可以想像一下，如果現在有壞人在後面緊追不捨，或是主管在眾目睽睽下對你飆罵，你是不是會呼吸急促，或者是憋著呼吸，大氣都不敢哼一下？

呼吸就是我們和身體溝通的方式。呼吸短淺的時候，大腦會感覺「死定了」，呼吸緩慢飽滿的時候，大腦才會察覺到生機，重新找回安全感。

所以在需要全力以赴又感覺到有壓力的時候，透過冥想，專心地深呼吸就可以把腦力導引到大腦皮質層，替理解力、記憶力、表達力、溝通力充電，這就是冥想創造豐盛的其中一種方式。

從經驗中管理壓力

但，不對啊？有些人遇到大場面也不會表現失常。大家都說聯合國和歐盟的祖母級口譯員都可以一邊翻譯戰情、航太、人權的會議，一邊織毛衣，游刃有餘。我後來發現，那是因為經驗、見識和格局，把血條養到很長了。

▲經驗老道的祖母級口譯員可以一邊做其他事情，一邊口譯。

血條是一個很棒的視覺化概念，可以協助我們觀察自己、關心自己。我兒子在週末打電動時，有個遊戲是他駕駛一架小飛機，前方有敵人，如果被敵人發射過來的武器擊中，血條就會掉一些；如果吃到了懸浮在空中的電池，血條就可以補一些。我常想：如果我們像電動角色一樣，每個人頭上都有明顯的血條就好了，人際互動會輕鬆好多唷。

照理說，如果我們獲得一夜好眠，那麼血條在一日之始就是滿的，但有時候現實人生是前一晚因為追劇或加班沒睡飽（或小孩半夜尿床把你叫起來換床單，不過這大概可以算在加班），起床的時候血條就只有90分，一進到洗手間發現牙膏用完了，猛擠半天決定剪開來抹，這時血條又消耗掉一些，心情忍不住急躁了。一出門就發現公車開走了，得等下一班，這樣一來就沒時間買早餐了，血條掉到80分。

我們的血條不是個固定值，而是會根據每個當下的情緒起落而消長。或許接到客戶催貨的電話會消耗15分，但下午同事請你喝奶茶可以回血3分。

滿血的程度決定了你能啟用多少大腦高階皮質功能。

有些職場技能像是換位思考、向上管理、策略規劃，會因人而異，但血條通常需要保持在80或90分以上才能發揮。所以如果你到了下午，血條只剩60、70分左右，那麼聽到老闆在給簡報建議的時候，可能就無法理解老闆到底要的是什麼，只會覺得老闆很難搞、很挑剔。血條掉到40分以下可能逐漸欲振乏力，降到30分就會開始唉聲嘆氣，再低一點應該就會造成理智線斷裂。

血條代表我們的活力。活力充足的時候我們可以有比較多的腦力、體力、心力去面對挑戰，甚至當做是人生遊戲裡的關卡，樂在其中。活力不足的時候我們就沒有足夠的耐力、定力、毅力去完成那些有的沒的，只想要好好充電，特別希望別人能趕快放我們一馬。所以我覺得理解自己高水位和低水位的閥值很重要。

在我的個案裡，許多人都不曉得自己已經在低水位枯竭期很久了，只是因為活力還沒有耗盡，所以一直替自己加油打氣，要求自己「撐下去」。

斑斑在個案室裡說她的工作很無趣，日復一日了無新意，原本上班做些枯燥但熟練的事情也就罷了，一年前來了個新主管，什麼都挑、什麼都嫌，搞得辦公室裡烏煙瘴氣，這段時間以來，同事已經走了一半，現在上班時間連聊天的對象都沒有了。我讓她看著在辦公室裡那個沒有朝氣與活力的自己，問她想對自己說什麼。她竟然說：「撐過去就好了，再過三年，這個組長可以升到其他位置去了。」

我心中暗苦：三年！人生哪有多少個三年去跟別人磨？

斑斑在潛意識裡繼續回溯，不管是念書的時候、參加運動會的時候、被朋友冷落的時候，她都跟自己說：「撐過去就好了，不會一直這樣的，結束就沒事了。」我讓她看到自己在不同的關卡裡撐著，她不為自己多做什麼，就是在原本的處境裡撐下去。斑斑在潛意識裡看到了自己撐到此生的終點，以為終於可以解脫，應該很輕鬆，沒想到臨終前的斑斑回顧這一生，痛哭失聲地說：「我虛度了人生，我好遺憾！」

時間是我們最寶貴的資產。我們錢花掉了都還可以再賺回來，但不管有多少錢，都無法賺到更多的時間。認識自己的活力水位閥值，我們才能練習「回血」，在活力偏低時補回來。認識自己的血條長度，我們才能把自己的血條養長，面對挫折與困境的時候也能更從容、更有餘裕。

活力不足的時候要怎麼回血呢？不是靠下午茶或甜點（也不是咖啡、雞精、蜆精或人蔘），我想邀請你五感全開地緩緩啜飲一杯熱開水。

請你挑選一個讓你很舒服的杯子，感覺一下這個杯子即將要為你服務了，杯子的手感、材質是不是合你的意？或許你會忽然想起自己在哪裡購入這個水杯，那天有什麼故事。這個水杯的厚度，稍後可以讓你感覺到熱水的溫度卻不燙手。杯口的寬度和弧度，能讓你從容悠哉地飲水。

去裝杯水吧，聽水柱敲擊杯底的聲音、水滴漸漸滿起來的聲音，你喜歡怎麼樣的水溫？用多少熱水、多少冷水調起來最適口？請你捧起水杯，感受杯子在掌中的重量和溫度，水面微微冒煙，請你對著蒸氣深呼吸，吸入乾淨、舒服、讓你放鬆的空氣，吐出疲倦把蒸氣吹散。

持續深呼吸好幾回，感覺到水溫愈來愈適合你。一小口、一小口地緩緩啜飲，感覺到水分浸潤了你的口腔、喉嚨，進入你的身體裡，持續涓滴滋潤你的生命，沖刷掉你的勞累困頓。喝完這口水，吐氣，把體內的廢氣和濁氣都排乾淨。

持續啜飲和呼吸，喝完這杯水、結束水冥想的時候，你的血條也補回一部分了。聰明的你一定知道，如果每天從起床開始，一天八杯水都是補血的機會，那就可以維持整天活力充沛了！

如果你的活力是要用來活出自己的人生，那當然沒問題，透過這一杯水的功夫，你可以洩除壓力，重新分配氣力，讓自己發揮水準，表現出眾。這就是為什麼冥想可以帶來豐盛，因為透過冥想讓壓力更少，成就更多，以最佳狀態去承接每一項任務，自然就會獲得豐厚的報酬。

如果你和斑斑一樣，充電補血是為了要繼續虛度人生，你感覺如何？

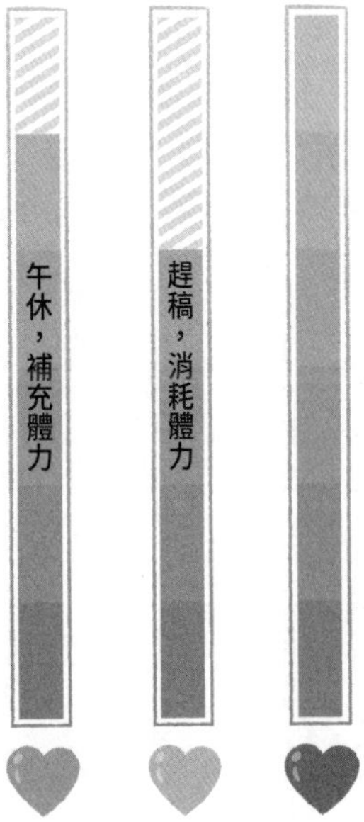

斑斑跟我說：「明明在辦公室也不必做任何粗活，每天就是坐在辦公桌前打電腦，可是我就好容易累哦，下班的時候覺得自己完全沒力了，怎麼可能還想要去進修或是去運動？我感覺是心累，但我的身體也真的很累。」

這是因為血條代表活力，活力是要讓你用來活出自己的人生，不是去實現別人的人生。當你過著你想要的生活，那麼遇到困難或阻礙的時候，消耗掉的是體力，靠飲食、休息、睡眠就可以加回來。

我的摯友喵喵說：「當你在做你喜歡的事，消耗的是熱量；當你在做不甘願的事，消耗的是能量。」這完全可以解釋為什麼有些人投入自己的目標時，就算吃個豪華便當再加上飲料甜點也絲毫沒有負擔，但有些人明明工作很清閒，隨便吃個輕食健康餐也還是會發胖。

可是，如果你沒有活出自己的人生，你的活力一直沒有用處，血條就會愈來愈短。我的個案裡有很多人都擅長委屈自己。

像是斑斑來找我的時候，其實是想知道怎麼增加自己的情緒素養。她說新主管很難應付、要求很多，自己常常一見到她就緊張，每天上班都祈禱她上午要開會或見客戶，聽她的指示總覺得煩躁又無奈。我問斑斑：「她來到妳的生命中，是要提醒妳該增加情緒素養嗎？是要教會妳怎麼繼續撐下去嗎？」

我們可以從另一位個案中看到類似的盲點，個案畔畔來找我，則是想知道怎麼提升自己談判協商的能力。她說他們一家四口和公公婆婆、小叔一家四口，三個小家庭一起住在三房兩廳約三十坪大的空間裡。早上起床就要搶著用電鍋，因為沒搶到的人就要等第一鍋的包子、饅頭或稀飯蒸好了，才能熱自家的早餐。下班回到家就要搶著用洗衣機，否則就要等前面的人把衣服洗好才能洗，而且衣服放下去之後不能睡，要等到衣服洗好趕快拿出來，否則會影響到下一位使用者。

我看著我的拳頭來理解她的大腦，想著她整個腦子在工作之餘也無法放鬆，回家又進入另一個戰場，我想像自己的拳頭就是她的大腦，不禁手軟了。這樣的腦哪還能發揮創造力呢？畔畔想開口跟公公說要多買一台洗衣機，不知道用什麼方式比較好。我問她：「妳真心覺得多一台洗衣機是人生的解答嗎？妳真的覺得妳現在的處境是缺一台洗衣機嗎？」

這是冥想為我們創造豐盛的另一個方式。透過冥想，我們能察覺到自己血條的長短，以及這長度的血條裡是滿還是虧。當你察覺到自己缺乏活力，沒有活出自己想要的人生，就表示開創人生的機會來了。

豐盛練習2——觀察血條

想像自己是電玩人物，血條就長在頭頂上吧。不管你平常慣用的通訊軟體是Line、Facebook Messenger還是Slack，你都可以傳訊息給自己呢。

其實和所有通訊錄裡的人相比，你才是自己最需要密切溝通的人，從今天開始至少連續一週，我們來記錄血條的變化！

一早當你拿起手機的時候，先不要理會別人的訊息和動態，請你感覺一下自己有沒有睡飽、有沒有好好梳裝、有沒有好好吃早餐。開啟這一天之前，你的血條有多滿呢？

不需要文字流水帳，有多滿就打多少顆血滴，請你憑感覺傳訊息給自己，像是：💧💧💧💧💧。

接下來的一整天，只要感覺到血條的變化，有讓自己精神一振的事情，就拿出手機記錄血條：💧💧💧💧💧💧💧💧。

碰到了挫折，也趕快拿出手機記錄一下：💧💧💧。

這樣當一天要結束之前，你就有很清楚的血條紀錄啦，有了這份覺察，你就更能夠照顧自己了。

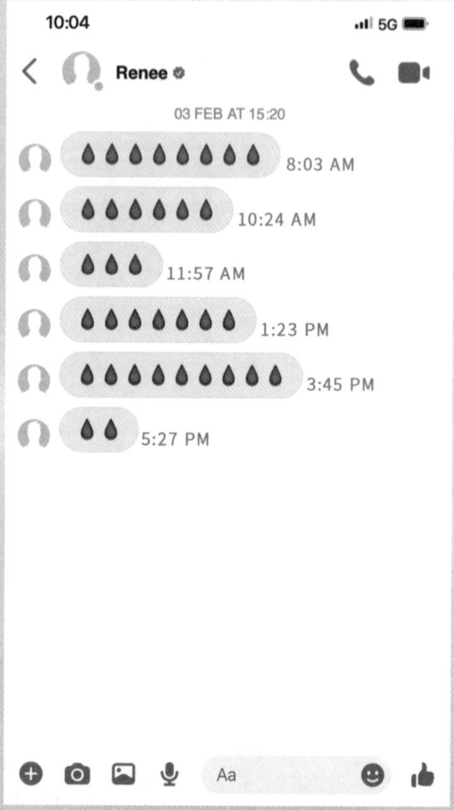

Note

——寫下你的想法，覺察自己！

做你喜歡的事，消耗的是熱量；
做不甘願的事，消耗的是能量。

——吾友喵喵

03

把自己活成勞動力

活在永無止境的困局中

斑斑和畔畔的相同點就是：光消除壓力還不夠，只要壓力源沒有消失，生活就會在耐壓、減壓之間重複循環。

這就好像如果你每天上班都要不停地馱著重物走到很遠的地方，途中還有上坡，下坡完全不能休息。那下班的時候必然會全身痠痛。假設你去按摩或推拿，讓肌肉關節獲得暫時的舒緩，一覺醒來又要繼續負重遠行。若這種生活一成不變，那按摩推拿有用嗎？有啊。那每天去按摩推拿是解方嗎？每天去按摩推拿，就可以過得更輕鬆愉快嗎？

我就曾經過著如此荒謬的生活。有段時間，我和同事經常扛著電腦和文件到各地做口譯，通常在緊湊密集的國際會議裡，我們因為聚精會神又靠著麥克風說話所以常坐姿不良；午餐囫圇吞下，下午又喝咖啡吃甜食，但那時候我們自認生活很充實。下班之後我們就會相約去按摩，慰勞自己一天的辛勤。時不時，我們也會交換各種中醫和護嗓的妙方良品。

資淺的時候總希望自己的客源和案量可以再多一些，心想著收入增加之後，存款也會增加，就有更多籌碼和資本可運用。我不相信大學老師說「預期收入增加，開銷就會增加」我覺得那是在講沒有意志力和儲蓄觀念的人。但實際上，收入增加之後，真的沒辦法用「克儉」的方式來維持原本的開銷，因為收入增加表示工時和工作量增加，體力、腦力、專注力的消耗量增加，必然需要靠其他的服務來維持生活。

終於，我在按摩床上發現，我不過是個過路財神，白天賺的錢晚上就轉手交給按摩師或中醫師了。我的認真勤勞終究是不可能致富的。

希臘神話中，薛西弗斯被懲罰將一塊巨石推上山，而石頭到山頂後會翻滾回原處，他將永遠重複著推石頭的行為。很多時候，我們就像薛西弗斯一樣，自認勤奮卻沒覺察到這是個永無止境且徒勞無功的困局。

用冥想提升格局

冥想能幫助我們跳脫困局，而創造豐盛的方式就是提升格局，分辨真正的豐盛。

通常在還沒有接觸豐盛冥想之前，我們會用當事人視角來看待自己的處境。像是斑斑想要提高情緒素養，掩飾自己對主管的厭煩；畔畔想要加強協商能力，多買一台洗衣機；若我是薛西弗斯，我可能想要有更強大的臂力，把石頭推上山。

但如果這三人的願望成真，他們就會更圓滿快樂了嗎？斑斑就有個愉快的職場了嗎？畔畔就有個幸福的家庭了嗎？薛西弗斯就能結束懲罰了嗎？

提升格局的意思就是從當事人視角切換成編劇視角，去看劇場裡舞台上的斑斑、畔畔和薛西弗斯，思考什麼是真正的豐盛。

你對「吸引力法則、跟宇宙下訂單」的誤解

多數人誤會運用吸引力法則或向宇宙下訂單、讓當下的願望成真，就能脫離當

下的困境。殊不知，如果沒有提升格局，你可能看不清楚什麼是自己真正需要的東西。

「最後這一招具有無比的威力，能帶給你任何你想要的東西。但也因為它能給你任何你想要的東西，所以它是危險的。你必須了解，你想要的東西不一定是對你和他人最有利的東西。」

——《你的心，是最強大的魔法》[5]

在「老娘有錢」線上課程開始之前，我會請同學先設定一個目標，可以是一千元、五千元、一萬元，也有人寫一萬美元。我在課程中舉例一萬元，讓學員在二十一天內收到宇宙送來的這筆錢。接下來就會請大家想一下，你要這筆錢幹嘛？有了這筆錢以後的你要過什麼樣的生活？

5 詹姆斯．多堤，《你的心，是最強大的魔法：一位神經外科醫師探索心智的秘密之旅》（*Into The Magic Shop*），平安文化，2016。

豐盛冥想要告訴大家的是：我們每個人都可以擁有物質的豐盛，不管家世、學歷、際遇，每個人都可以享受金錢帶來的美好，絕對沒有問題。但你如果沒有在人生的主場裡好好過生活，那財富可以為你帶來幸福嗎？很多人沒有想清楚這其中的關鍵，所以在修習到一半就決定改口說知足常樂，要為自己已經擁有的一切心懷感激。你可以暫停一下想想，接下來讓我來說明這其中有什麼問題。

當前金錢教育的盲點

我們這一代所接收到的金錢教育通常是：「錢可以解決問題」。但是，幾乎沒有人讓我們知道錢可以「創造未來」。大家一輩子在為錢打拚，可是卻很少人知道錢是什麼，而且學校都不教我們怎麼賺錢。

學校會教我們賺錢的技能，譬如說電機系培養工程師去園區賺錢，美髮科培養造型師去髮廊賺錢，法律系培養律師去事務所賺錢，學校根據目前這個社會的需求去供應人力。

所以，學校在做的事情就是把好端端的人、有七情六慾的人、有夢想、有熱情的人變成勞動力。

我們想要有錢，想要過豐盛的生活，就要先想想為什麼我們和斑斑、畔畔、薛西弗斯一樣，卡在原本的困境裡走不出來？難道這就是我們人生的劇本、靈魂的藍圖？我們能不能換個方式過日子？我們能不能過更好的日子？把我們拘留在困境裡的力量就來自限制信念，所以要過豐盛的生活，必先清除限制信念。

什麼是限制信念？

限制信念就是別人灌在我們身上的價值觀，不是自己發展出來的，也不是透過人生經歷去驗證過的，是別人說什麼是對的、什麼是錯的、什麼是好的、什麼是壞的，我們若都相信了，那就是限制信念。

當學校說「成績好、功課好就是優秀」而你相信了，你就被學校洗腦了。當學校說「英文、數學比跳繩、合唱、游泳、烹飪重要」你相信了，你就被學校洗腦了。

我們還有很多限制信念來自原生家庭，大家不妨回想一下爸爸、媽媽、哥哥、姐姐、阿公、阿嬤或者其他家人曾講過的話，就會發現你腦子裡面記得很多他們說過的、似是而非的東西，像是「女生不用太厲害」、「女孩子嫁得好就行了」或是「男人如果有錢就容易花心、容易變壞，所以你找老實安分的男人最好」或是「你說你男朋友這麼優秀這麼厲害，那他怎麼會看上你？憑你？」

這些都是他們的價值判斷，如果你照單全收，那就會變成限制信念，限制你的行動、限制你的發展，讓你無法隨心所欲，無法過著你要的人生。

集體潛意識的影響

不管是家庭或學校，他們為什麼要安裝限制信念在我們的腦子裡？其實這些人大部分都是無辜的，他們也不是故意的，他們沒有惡意要害你過著不如意的生活。是他們也沒有覺醒，他們都被集體潛意識控制了。集體潛意識就是大家普遍都有的限制信念，而且還可以代代相傳。

一個覺醒的老師絕對不會跟學生說「什麼？你有在培養興趣哦，這沒用啦！」一個覺醒的家長絕對不會跟小孩說「什麼？你要買玩具哦，浪費錢！」

我們的社會裡還是有少數覺醒的人，過著有覺知的生活，但多數人仍不知不覺地被集體潛意識影響。

這裡的重點是不知不覺，潛意識都是在不知不覺中影響我們的，所以覺知很重要，我們現在要做的第一個練習就是覺察、辨識出你的限制信念——也就是讓你深信不疑且限制自己發展的觀念。

愈是「聽話」的人愈容易被洗腦，在家聽父母的話、在校聽老師的話、在職聽老闆的話，這樣的人往往因為聽話，所以過著安穩的生活，可是長期沒有替自己作主，到了心智與財務狀況該成熟的階段，會因為不曾替自己作主卻突然必須做出人生決定而慌張，或是因為始終都沒有機會替自己作主而茫然失落，成為受害者。

所以，**覺醒的重點就在於練習不聽話，唯有根據自己的觀察與判斷，建立起自己的價值觀、時間觀、感情觀才能喚醒內在鍊金術士，釋放人生的創造力。**

集體潛意識的例子：人不等於人力

這章要和大家一起破除的最重要的集體潛意識就是「人力」這個限制信念。

肯．羅賓遜爵士（Sir Ken Robinson）被譽為世界的教育部長，當他在思考為什麼這個教育和科技最發達的年代裡，受教人口這麼多，可是受過教育的人還是普遍不快樂不有錢，他理出了這個脈絡：

以前在農業社會，智力、創意都比不上「人力」的價值；出生在農業社會的人，最重要的價值就是人力。人丁興旺的話，耕種收割的面積就比較大，收成就比較多，即便是自己的田不夠大塊，像我外公、外婆，他們能耕種的面積很小，可是她可以叫小孩去山裡面挖竹筍、摘龍眼，只要人手充足，收成就可以增加。男人可以做粗活，女人做細活，小孩做雜活，每個人都是勞動力。

農業時代裡，什麼樣的國家有優勢？就是先天地理環境好的，國境裡面有肥沃的平原、有河流的灌溉。

後來工業革命，有機器了，農耕機取代田裡面的人力，所以大家都到工廠去了，那時候有造船廠、紡織廠、加工廠，比農田更需要人力。這時候國家之間在比的是工業能力，誰先造出大船，誰就可以出去攻占其他領土，把當地的香料茶葉帶回來當做奢侈品在賣。

所以生產線很重要，那如果工人都不識字，就很容易有工安意外，生產線就要停下來，所以這時候開始有基礎教育、義務教育，教大家識字，教大家四則運算。重點不是要讓大家領略知識的浩瀚，而是要讓勞動階級可以看得懂說明書和使用手冊，讓生產線可以順利運作。

從此國與國之間開始技術競賽，誰可以讓船跑得更快一點、載多一點、運回來的原料可以生成更多商品，那個國家就比較發達。

所以應用科學、應用數學在這個時候受到重視，學校除了提供義務教育，也負責篩選出能夠讓國家更富強的優等生成為科學家、建築師、工程師。

工業革命帶來的教育轉型

大小創意齋負責人姚仁祿在《發現天賦之旅》[6]的推薦序裡寫道：「多數的教育機構，教你不想學的，不教你想學的。多數的家長與學長擔心沒有前途，不敢學自己想學的，許多學生被制式教育綑綁腦袋太久，已經說不上來，自己想學什麼。」

在工業革命之前，小孩跟著家人一起耕種、做工、或開店。他們受教育的方式取決於家中的收入和地點。在美國新英格蘭地區，家境富裕的男孩子可以到私立學校，受教育成為家族事業接班人。儘管美國維吉尼亞州在一六二五年建立了全美第一間「免費」的學校，但當時大部分的孩子還是在家習得知識。麻州是美國最早通過法令要求孩子受教育的地區，當時的法令稱為「古老驅魔法」因為清教徒想要孩子識字，才能閱讀聖經不受魔鬼誘惑。

都市裡的窮孩子如果能受教育，也是去宗教組織或市議會辦的「慈善學校」，主要學道德觀。

到了十九世紀中期，工業革命在紐約、費城等大城市掀開浪潮，慈善學校的規模才開始擴大，接近早期的非官方公立學校，但當時很多小朋友還是不用上學。工業革命之前他們要去田裡做工，工業革命之後他們去工廠做工。那時候童工雖然薪資微薄，但對家境不無小補，所以去上學的話，全家就會少一份收入。當時的機械沒有現在這麼多保護措施，工廠裡的童工很可能因為使用不當而導致傷殘或死亡。一八三六年，麻州通過第一道童工法，要求15歲以下的工廠童工每年必須至少上學三個月。當時很多企業領袖，像是商用毛料公司的老闆查爾斯・哈定（Charles Harding）就很排斥這道新法。但那時候有些企業領袖認為，如果孩子多識字也不錯，這樣工廠就不必因為意外停工了。

推廣公立教育的深層動機

麻州教育局在一八三七年成立，當時的工業鉅子愛德蒙・德懷特（Edmund

6 肯・羅賓森，《發現天賦之旅》（*Finding Your Element: How to Discover Your Talents and Passions and Transform Your Life*），天下文化，2018。

Dwight）便願意出資贊助教育局。那時的局長何瑞斯・曼恩（Horace Mann）大力提倡「平民學校」，讓每個人都能免費接受高品質的基礎教育。

曼恩相信除了教識字、寫字、算數，學校也應該灌輸服從權威和準時全勤的觀念，這樣就能讓學生為就業作準備，他相信用鈴聲來安排上下課的時間可以讓學生習慣未來的工作生活。他也認為公立教育的品質應該要一致，這樣工廠用人就有均質的勞動力了。

曼恩卓越的影響力，促使麻州在一八五二年通過《義務教育法》。到了一九〇〇年，美國共34州採取同樣的措施，十年內，美國小孩的就學率就有72%。

同時因為工廠和學校一起爆發激增，「大量生產」就變成了很重要的原則，當時的工廠必須「提升效率」、「減少浪費」這樣才能用更少的成本、人力和材料生產出更多商品，所以推廣「生產效率」的機械工程師費德烈・溫斯洛・泰勒（Frederick Winslow Taylor）觀察、比較、研究各種效率最大化的行為，這種效率至上的觀念也影響了學校的教學方式。

史丹佛大學未來教育院長艾爾伍德・庫伯利（Ellwood Cubberley）是當時最重

要的教育家，他曾說過：「原物料（小孩）要被塑型為成品，做成螺絲釘，那製造規格就應該由政府和業界決定。」（現在回顧這段話，你是否覺得毛骨悚然？）

把活人變成工具人的集體思維

看到現在，你們覺得有人在替我們著想嗎？有人在乎我們要怎麼過得更幸福、更快樂、更充實嗎？

沒有！因為打從工業革命和義務教育以來，國家需要的就是螺絲釘，學校就負責供應螺絲釘，所以大家同時上課、同時下課，學一樣的東西，老師都拿同樣的課綱和教案，這樣全國上下就可以教出很均質的勞動力了。老師教不好的、考試考不好的，就被整個社會一起歸類為低薪的勞動階層。

我們要破除的第一個限制信念就是，你的老師沒有在替你著想，你的老師可能也被洗腦了，你的老師自己也不知道怎麼過豐盛富足的生活。

旃旃就是國中老師，她在畢業典禮前有個很深刻的體悟：家長把孩子送進學校，替未來職場做準備，但學校裡99％的老師都沒有在產業、企業工作過，大家卻覺得要老師們培育出能在社會上生存的人很合理。

那是因為我們對教育的理解和期待還沒有完全轉型、升級。過去學校的功能是讓學生會讀書、守秩序，再把最會讀書、最守秩序的學生送進未來期望收入最高的科系。

當然我是指我們以前那個年代的老師，他們身處在教育現場卻只想著穩定的薪水、每年有寒暑假和未來的退休金，並沒有花時間和功夫去思考自己要活出什麼樣的生活，更無暇探索如何啟發學生去開拓他們想要的生活。現在的老師和過去的老師已經很不一樣了。

被洗腦的老師與家長、沒有覺醒的老師與家長，就是在把年輕人變成螺絲釘、變成工具人，他們不在乎你的人生，因為你是大環境大社會裡的工具。

可是你一定覺得，人哪有那麼笨？哪有那麼好騙？

這個時候，錢就發揮角色的重要性了。

讓人為錢工作、為錢生活的限制信念

以前農業社會，收成先自給自足，再將剩餘的拿去交換，所以基本上大家都可以自食其力。即使沒有多的收成可以變賣，但要餵飽自己、養活自己不是問題。工業社會裡，你會在造船廠鎖螺絲或在紡織廠染布，這件事你再厲害都沒辦法自給自足啊！

你如果說，那我上班的時候多拿一些螺絲去變賣，我多剪幾匹布去變賣增加收入，卻是偷竊哦。農業社會自給自足、自食其力是完全合法的。

因為工業革命，大家離開自己的原生地集中在市區，需要房舍、需要糧食，所以「錢」就變成了維持基本生存的必需品。沒有錢，連日子都過不下去，所以沒有錢會窮死，錢就成了工業革命後資本社會控制人的工具。

我們要破除的第二個限制信念就是，一定要有錢才能吃飽，一定要有錢才能安身立命，所以大家都要賺錢，所以大家都要上學。

這是一種集體潛意識，如果你相信了這個說法，那你的生命安全就會跟錢綁在一起，你就會覺得你需要錢才能活下去，所以你要為錢工作、為錢生活。你可能就不敢相信你可以為興趣工作、為熱情工作、為理想工作，也能獲得金錢與財富。

看到現在，我想問大家：你們還想找一份工作，然後用自己的時間、自己的肝、自己的腎、自己的腦去換錢嗎？你還想要拿你的自由和自主去交易嗎？

《讓天賦自由的內在動力：給老師、父母、孩子的實踐方案》[7]的作者中列出了他們在教育界所觀察到的四大錯誤認知（限制信念），包括：「成功是一條窄路，萬一孩子擠不進去就糟了，所以讓孩子自己做決定實在太過冒險」以及「多逼孩子，就可以幫助他們更有成就，長大後也更能一帆風順」。

7 威廉．史帝羅、奈德．強森，《讓天賦自由的內在動力：給老師、父母、孩子的實踐方案》（*The Self-Driven Child: The Science and Sense of Giving Your Kids More Control Over Their Lives*），遠流，2019。

豐盛練習3——突破制約

你的成長經歷符合本章內容的描述嗎？我們花點時間把自己被灌輸的限制信念寫下來吧。請回想：

❖ 有哪些事你一直想做都沒做？

❖ 有哪些事，你從來沒做過，但想到就很躍躍欲試？

❖ 是什麼原因讓你到現在都不曾嘗試過？

❖ 承上題，如果你不必被這個原因制約，你會是什麼樣的人？

Note

——寫下你的想法，覺察自己！

04

限制信念的阻力

行動力被阻斷的根源

有想做的事卻始終沒有實踐過，這不是你的錯，是你的行動力被阻斷了，不要責備自己沒信心沒勇氣，是家長無意中讓我們誤會了自己。

畔畔在進行潛意識溝通的時候，從觀眾視角看到自己接近下班時間就開始有壓力，討厭主管臨時分配工作，也不喜歡同事聊天閒扯耽誤她離開公司。她看到自己急匆匆地回到家，張羅孩子吃飯，有時還要關上耳朵別把公婆或小叔小嬸的話聽到心裡去，接著催促孩子去洗澡才能進行一連串的家事。她不喜歡在客廳、廚房多花時間，唯有待在五坪大的雅房裡才自在一點，可是這房間裡擠了他們一家四口，躲在裡面滑手機也不舒心。

她看著蝸在房間裡的自己，忍不住哭了：「妳怎麼這麼不自由？」

她回想起自己剛談戀愛的時候就是嚮往自由，相信當時的男友和她成家之後，兩人可以脫離長輩的管束，建立自己的生活。

她在潛意識裡對自己說：「妳需要的不是洗衣機，妳要搬出去。」

那個在房裡壓抑的自己說：「我也想啊，但我做不到。」

限制信念的來源

限制信念通常來自童年時期被灌輸的價值觀，上一章先解釋了集體潛意識是希望讓大家知道，童年時期不管是長輩或老師給了我們這些限制信念，他們很可能都不是故意的。他們自己也不知道那是限制信念，因為他們接受了那套價值觀並信以為真，然後又出於師長的責任感與保護慾，將這套價值觀傳承下去。

清除限制信念的過程通常就是在撥亂反正、解除誤會。這些誤會到底怎麼來的？又為什麼那麼牢固呢？

我們一出生，離開母親的子宮之後來到這個陌生的世界，大腦就接受許多刺激，開始建立神經路徑，讓我們能認識並理解這個新環境。嬰兒無法靠自己生存，必須完全依賴別人，所以在這個需求強烈的階段，人我互動會影響到我們的安全感，我們就開始以觀察別人願不願意對我們好，來判斷自己能不能活下去。

如果家庭能給我們愛與支持，我們就會知道玩耍、冒險、學習都很安全；但如果家庭沒有給我們足夠的愛與支持，做什麼都很容易被責備，大腦就會經常掃描環境中的威脅、經常檢查自己有沒有犯錯，把所有的腦力都用來討生存。

孩子建立自我價值感的方式

在我們還沒有上學之前，我們主要的生活範圍就是家，這時候幼兒沒辦法理解什麼是「人外有人」，意思是孩子會認為大人對我好，那就是因為這個大人想要對我好，若大人對我不好，那就是因為這個大人不想對我好。

孩子沒辦法理解大人白天在職場受了一些怨氣、鳥氣，血條已經降到很低了，這時候回到家，一看到小孩拖拖拉拉不吃飯不洗澡，血條明明才消耗一點，但剛好過了低水位的臨界點，理智線這時斷裂，大人不禁咆哮一頓。

孩子不會曉得那是不合比例的待遇，孩子不會知道那是大人窩囊，沒有勇氣在被主管修理、被客戶抱怨或是被同事挖坑的時候去處理問題，大人也不知道自己活力偏低的時候要充電回血。這個大人有多無能，孩子都不會曉得。

在孩子的認知裡，他們還不知道大人也會犯錯，他們只知道自己的生存和需求仰賴大人供應，孩子以為大人全能，不會知道大人無能。

所以，孩子會以為「是我不乖，害媽媽生氣」、「是我不夠好，讓爸爸動怒」。他們因為不曉得大人的壓力其實來自外人，所以會把大人在家的情緒反應全部攬在自己身上。

還有一點：孩子長大之前都不會曉得大人罵小孩不會影響升遷、收入、房貸，所以大人才敢遷怒小孩，那些孩子承受的怒氣一向是從外面遷來的。

（如果你看到這邊回想起自己曾經遷怒小孩而心疼孩子，我想邀請妳先心疼自己、關懷自己。這是創造豐盛人生中很重要的步驟，所有的付出和給予都要先對自己。我們只能給出我們「有」的，所以如果我們沒有被同理過，就要去同理別人，那還是會心理不平衡。）

因此，孩子的自我價值感建立在大人的對待上，小孩會根據大人肯定哪個部分的自己來滋養那個部分的自己；根據大人嫌棄哪個部分的自己來否定或壓抑那個部分的自己。

自我價值感的錯誤認知

像是長女在家照顧弟弟妹妹會被肯定，如果不理會弟弟妹妹，自顧自玩遊戲通常都會被叨唸，這時她們就會以為「我要分攤別人的責任才有價值」。

這股限制信念一旦安裝完畢，她們就會自動自發、不知不覺地否定想照顧自己的念頭，像是「如果我出國工作，爸媽該怎麼辦？」、「我的收入如果沒有拿一部分回家或幫忙還貸款，我就會覺得自己很自私、很過分。」

蔓蔓說媽媽素來體弱，自從爸爸總是在外打牌喝酒徹夜不歸之後，媽媽更沒力氣持家，所以小時候的蔓蔓放學就會下廚做飯，自己吃得很快，弟弟妹妹吃飯的時候她就拿著水桶抹布打掃全家，等弟弟妹妹吃完就帶他們去洗澡。

我問她媽媽生了什麼病，蔓蔓說媽媽沒有生病，就是身體虛弱。我帶著長大後的蔓蔓在潛意識裡回到小學時期的家，看著媽媽癱軟在床上，我問長大後的蔓蔓：「媽媽生了什麼病？」

長大後的蔓蔓說：「媽媽沒有生病。」

「那媽媽怎麼了？」

蔓蔓在個案室裡崩潰大哭著說：「媽媽的婚姻失敗了。」

我再問她：「媽媽需要的是什麼？」

長大後的蔓蔓說：「她要爸爸回家，她要丈夫。」

她看著忙進忙出而且覺得自己很懂事、很厲害的小蔓蔓，淚流不止地說：「對不起，對不起，我以為妳要做完家事才會有人愛！我以為妳要跟女傭一樣才有用，別人才需要妳、才在乎妳，對不起，我讓妳在職場上、在感情裡都一直伺候別人。我錯了！」

《全人療癒》[8]的作者說：「內在小孩的傷就是童年一直沒有被滿足的情感、身體、心靈需求，會透過潛意識來表達，持續影響現在的自己。」在我的理解裡，我們沒辦法過著豐盛的生活，往往是因為童年創傷造成自我價值感低落，或是我們把自我價值寄託、建立在別人的喜好之上，而自我價值感低落自然會創造「配不上」的感覺，讓我們覺得自己不能去挑戰高薪，也沒辦法享受高收入。

所以，要過豐盛的生活，我們必須提升自我價值感，療癒童年創傷。沒有療癒的創傷不會自動復原，也不會隨時間淡忘，而是進入潛意識裡，在我們不知不覺中透過恐懼影響我們的人生決定。

精神科醫師與生死學大師伊莉莎白・庫伯勒・羅斯（Elisabeth Kubler-Ross）表示：「所有的情緒可以被歸結為愛與恐懼。所有的正面情緒都來自愛，所有的負面情緒都來自恐懼。愛可以滋養出幸福、滿足、安定、喜樂。憤怒、仇恨、焦慮和愧疚感都來自恐懼。確實只有兩種最根本的情緒：愛與恐懼，但其實應該說只有愛『或』恐懼才更準確，因為我們無法同時感受到這兩種情緒。他們是相對的，如果我們心懷恐懼，就沒辦法置身在愛裡，當我們在愛裡，恐懼就沒有容身之處。」

選擇愛，還是恐懼

我在美國工作時決定單身成家，自己當媽媽。那時候想法很單純（現在回頭看可能太過天真），覺得舊金山的文化風氣很適合我和孩子一起長大。假設幼兒園裡面有十位小朋友吧，據我估計可能會有一兩位來自同志家庭、一兩位是被領養的、一兩位來自單親家庭、一兩位是跟繼父或繼母生活在一起、還有一兩位是移民家庭、三代同堂或隔代教養，符合臺灣對核心家庭想像的小朋友可能只有一半。在這種多元共融的文化背景中長大，「尊重」是最基本的態度。

---

8 妮可．勒佩拉，《全人療癒：你就是自己最棒的治療師，400萬人見證的每日自我修復療程》（*How to Do The Work: Recognize Your Patterns, Heal From Your Past, and Create Your Self*），方智，2021。

不過我懷孕之後胎象不穩，幾乎每天都會出血。美國的婦產科醫生又沒有臺灣醫生這麼親切，沒有安胎的觀念，覺得流產也是自然淘汰，我愈來愈不安，這時候許多朋友都要我開始考慮回臺灣。那時候的我完全沒有想過要怎麼在臺灣工作、生活，感覺很茫然。

這時我誤打誤撞下載了嘉柏麗．柏恩斯坦（Gabrielle Bernstein）的有聲書《*The Universe Has Your Back*》[9]，作者在寫這本書之前已經是美國知名的暢銷作家，經常公開演講。她在書中說，有一天她忽然恐慌症發作就暈倒了，她發現人在什麼都沒有的時候會恐懼，但是當你什麼都有了，未痊癒的創傷還是會為你帶來恐懼，讓你無端擔心自己所擁有的一切隨時可能消失。

當時的我還沒接觸到豐盛冥想，不知道什麼是童年創傷也不認識我的內在小孩，但我聽到作者在有聲書裡反覆問自己「我要選擇愛，還是恐懼？」、「我做這決定是出自恐懼，還是出自愛？」

我聽著聽著便開始問自己：我不想回臺灣是因為恐懼回臺灣，還是因為愛舊金山？如果我留在舊金山可能會流產，而回臺灣有機會好好安胎，那愛要指引我做出什麼決定？如果我恐懼回臺灣，我在怕什麼？我害怕我的父母不支持我單身懷孕的決定嗎？那我選擇在舊金山成家，也是因為我害怕他們的批判嗎？如果我是因為害怕恐懼才留在舊金山，這是我想給孩子的家庭觀、感情觀嗎？有朝一日當我帶他回臺灣見其他家人，我希望看到他們很生疏嗎？我會在旁邊解釋說：「他們跟你不親，是因為他們不支持我生下你」嗎？這種母子相依為命的情節，是根據恐懼還是根據愛而寫出來的？

在這一系列靈魂拷問之下，我看清楚了煩惱的本質，下定決心要為自己、要為兒子「選擇愛」。

選擇愛表示我可以愛我的家人，不勉強他們接受我的價值觀。選擇愛表示我不

9 《宇宙就是你的靠山：超越恐懼選擇愛，和宇宙力量同行》（*The Universe Has Your Back: Transform Fear to Faith, 2016*），宇宙花園，2022。

會為了維護自己的面子而犧牲開心果的生命或健康。選擇愛表示我可以承認我和爸媽之間的親子關係不夠好，但我不必讓這影響開心果和他們建立祖孫關係。

這個決定至今六年了，我可以很欣慰地說：幸好我們回臺灣了，開心果在充滿愛的環境下長成了一個充滿愛的孩子。

「此刻的我要選擇恐懼，還是選擇愛？」這種內心的對話絕對需要刻意練習，冥想就是透過專心深呼吸讓自己可以專心地把意念集中在一處。沒有刻意練習的話，我們很容易不自覺地選擇恐懼。

但那不是我們的錯。恐懼是被植入的，是別人灌注在我們思維裡的限制信念。

家長的限制信念與恐懼

我有很多個案是家長，經常為了孩子的事情氣到頭頂冒煙，但又不想一再重演嘮叨老媽子的劇本，所以來進行潛意識溝通。有的希望孩子成材、有的希望孩子懂事、有的希望孩子自律。

當我問他們「小孩不懂事會怎樣？小孩不自律會怎樣？」從這裡往下挖掘的結果幾乎都是——會讓我害怕。

父母怕孩子平庸，被競爭激烈的社會輾壓，但如果孩子有天賦，父母也還是怕，他們怕你有天分而他們不知道該怎麼引導你、不知道該怎麼栽培你，他們也怕你的天分把你帶到了他們從未見識過的境地，他們不知道該怎麼支持你、不知道該怎麼保護你。他們怕你失敗，自己沒辦法保全你；他們甚至怕你成功，自己會配不上你。

父母在我們心中植入恐懼、形成限制信念、造成自我價值感低落，最常見的方式就是說「我都是為你好」、「爸媽賺錢很辛苦，你要省一點」、還有「你看不出來我正在忙嗎？」。

療癒童年創傷的重要性

我覺得療癒很困難的其中一點在於，許多人一看到童年創傷就會聯想到會動粗的大人，可能是連續劇裡、故事書裡或同學口中那個會在家裡摔碗盤、捶桌子、毆打小孩的大人。如果自己成長過程中沒有經歷這麼粗暴的對待，就不容易發覺自己有童年創傷，也很難發現自我價值感竟是被信賴的大人消磨掉的。

在多數人心目中，自己的家長在說出「我都是為你好」、「爸媽賺錢很辛苦，你要省一點」、「你看不出來我正在忙嗎？」這些話的時候，並不是那種凶惡的臉孔，而是辛苦、慈愛，自己也很省吃儉用要孩子共體時艱，讓孩子感覺到自己能衣食無虞已是父母在負重前行了，所以要看見或接納自己的創傷好像是在指責父母，太忘恩負義了。

不過，如果我們沒有在療癒過程中看到父母無意間種下的限制信念，就無法根除潛意識裡深植的無主見、自卑和懦弱，這三種性格都會導致我們沒辦法替自己做主，會一直依賴長輩、前輩或伴侶來替我們做主。

「我都是為你好」有什麼問題？

格林童話〈牧鵝姑娘〉[10]把這種幽微的親子創傷關係詮釋得最透徹、完整：

> 從前有一位老皇后，她有個漂亮的女兒，女兒長大以後，與遙遠國度的王子訂了婚。到了快結婚的日子，老皇后把一切都打點好了，讓她啟程去王子所在的國家。
>
> 她為女兒收拾了很多值錢的東西：有寶石、金子、銀子、裝飾品和漂亮的衣物，另外準備了一匹會說話的神馬和陪嫁的侍女。臨別前，皇后割下一小綹自己的頭髮交給女兒說：「這是護身符，會保祐妳一路平安。」
>
> 途中，公主口渴了，就請侍女用她的金杯子從河裡取些水來。誰知侍女拒

10 以上故事情節出自維基百科〈牧鵝姑娘〉，再經過作者濃縮。

絕取水，還搶走了公主的金杯；她讓公主下馬，自己到河邊去喝水，並告訴公主她再也不想做她的侍女了。

後來，公主又感到口渴了，同樣的事情再次發生。但這次當公主趴在河邊喝水時，不慎趴得太低，弄丟了皇后的頭髮。仕女知道公主失去了皇后的保佑，趁機逼迫公主同她交換馬匹，交換身上的服裝，並強迫她對天發誓，到達王宮後絕不把此事告訴任何人。

抵達目的地後，原本的侍女被當作新娘。假新娘請老國王指派粗活給她的侍女，真公主被派去幫助一個小男孩放牧鵝群。假新娘還要求年輕的王子砍下神馬的腦袋，因為她怕這匹馬會揭露她的罪惡行為。真公主知道後乞求屠夫將馬頭釘在城牆下方，因為她每天出去放鵝都會經過這道城門。

每天清晨，當牧鵝姑娘和與她一起牧鵝的小男孩走過城門時，她都極為悲痛地對著馬頭呼喊，馬頭回答說：「要是妳母親知道了，她會心碎。」

來到牧場上，牧鵝姑娘把她閃亮純金的秀髮放下來，惹得小男孩想拔幾根。牧鵝姑娘不讓他拔，連忙招來一陣大風，吹走了小男孩的帽子，小男孩只得趕緊去追帽子。連續幾天都是這樣，小男孩非常惱火，就向老國王抱怨此事。

隔天，老國王躲在城門後和草地旁，看到了發生的一切。晚上，牧鵝姑娘返回城堡時，老國王問她是怎麼回事。她告訴國王，她發過誓絕不告訴任何人。儘管老國王一再逼她說出實情，牧鵝姑娘始終守口如瓶，但她最後聽從了老國王的建議，把實情告訴壁爐。而老國王就躲在壁爐後面，得知真相了。

在這之後，牧鵝姑娘恢復了公主身分，換上了王室盛裝，所有人都被邀請參加一個盛大的宴會。宴會上真新娘（公主）坐在年輕王子的旁邊，假新娘（侍女）坐在另一邊。宴會上，老國王把他所聽到的一切當成一個故事講給大家聽，並問真正的侍女，她認為應該怎樣處罰故事中的那位侍女。

假新娘說道：「最好的處理辦法就是把她裝進一隻裡面釘滿了尖釘子的木桶裡，用兩匹白馬拉著桶，在大街上拖來拖去，直到她在痛苦中死去。」

老國王說：「我正要這樣處置妳！因為妳已經很公正地宣判了對自己罪惡的處理方法，妳應該受到這樣的懲罰。」

年輕的國王和他真正的未婚妻結婚了，他們一起過著幸福美滿的生活，共同治理著國家，使人民安居樂業。

《牧鵝姑娘》的故事可以解釋為什麼有許多個案很難面對原生家庭的親子關係。（故事中的皇后，也就是公主的媽媽，是一股過於主導的能量，過於完美的照顧，把嫁妝、護身符、神馬和侍女都準備好了。）

「**無微不至的照顧**」就是故事中最大的問題。周全的打點就是因為這個媽媽很焦慮，因為這個媽媽不信任孩子的能力。

我碰過很多個案說「我爸媽不打人」、「而且給我很多資源」、「我知足感恩都來不及了」、「我看我小學、國中、高中各階段的同學都被打過」、「我不知道我要怨我爸媽什麼，但我有時候看那種原生家庭創傷的書就很有感」。

當父母對孩子說「我都是為你好」，這背後透露的限制信念是「你不知道什麼決定才是好的。」

對孩子來說，媽媽滴水不漏的瞻前顧後，會讓自己長不出自信。嫁妝準備得愈多，愈凸顯媽媽認為女兒多麼無法面對外在世界，每一份貴重的禮物都表示媽媽能、女兒不能。

所以，這個女兒在蛻變的過程中，從依賴、被照顧的角色成為自己的過程中，會一件一件地失去護身符、金杯、神馬。

這就是負面體驗鍊金的奧義——乍看之下失去護身符、金杯和神馬是負面體驗，但如果一直依賴道具或神器，公主就不會知道要怎麼照顧自己，公主就不會知道原來她有能力照顧自己。

這也是為什麼有許多人成就很高，卻自我價值感很低：金杯和侍女都是媽媽（傳統價值觀）送的，叫侍女拿金杯去盛水就像是傳統家庭、校園說找份好工作、高收入，但如果侍女不爽、金杯不見了呢？

如果孩子一直被灌輸「一定要有錢有房才豐盛」、「一定要有學歷、有頭銜才成功」等限制信念，把自我價值建立在外部因素上，孩子就不會知道原來自己要喝水，雙手也能夠盛水，自己有能力解渴。如果沒有意識到自己有能力解渴，那再多侍女與金杯等取水工具都還是會有口渴脫水的恐懼。

公主還沒有理解到自己有行動力之前，愈多資源就會愈無力。所以在我的個案經驗裡，「我都是為你好」是創傷根源第一名，父母愈是想要用這種干預或指揮的方式對孩子好，孩子就愈晚發展出批判思考、獨立決策的自主能力。簡單來說，就是孩子愈無法為自己做主、為自己負責。

「爸媽賺錢很辛苦，你要省一點」有什麼問題？

釩釩來找我的時候說：「我看了很多書，才發現自己有很多限制信念，但那些限制信念其實就是我爸媽從小給我的觀念，我沒辦法接受他們會給我錯誤的觀念！」

我先讓釩釩理解，多數父母其實也不曉得那是限制信念，畢竟他們也是這樣被教大的。釩釩在回溯的過程中看到自己小學的時候很想要零用錢，但是每天媽媽都會準備三餐，放學之後也有饅頭或麵包可以填肚子，實在是沒有領零用錢的必要。她看到媽媽接了家庭代工，客廳裡都是拉鍊，媽媽很努力地想要多賺點外快，也常叮嚀孩子「只有爸爸在賺錢，爸爸很辛苦，不可以亂花錢。」

釩釩看到爸爸確實早出晚歸做著枯燥的工作，每天看起來都很沒精神。

我問他：「爸爸做錯了什麼？」

釩釩腦筋一片空白：「爸爸……沒有做錯事……」

我再繼續問：「爸爸當年幾歲？」

釩釩答：「三十吧。」

我請釩釩看著一個三十歲的朋友，每天做著枯燥的工作，等著領微薄的月薪，沒有想過要換工作，只期待老婆孩子更儉省一點。他要老婆告訴孩子別參加社團，那都是在玩，別報名學校活動，上課聽講、下課寫作業就是學生的本分了，以後去考軍校幫忙分擔家計，有固定月薪也有退休俸，不用去想什麼興趣或性向，要是英文或化學成績太好，想念普通大學，那可是會給家人增加負擔。我把釩釩的童年遭遇都套用在別人身上。所謂當局者迷、旁觀者清，釩釩這時候難過地說：「孩子是無辜的，你明明有其他機會，你為什麼要磨掉他們的志向？」

看清楚這點，釩釩就不必指出爸爸做錯什麼了。我接著問他：「這段經歷讓你誤會了什麼？」

釩釩吞吞吐吐地說：「誤會……我誤會了……我以為自己不考軍校就是不孝，就是不體貼。我以為自己想念普通大學很不孝，我也捨不得給我的小孩報名活動，因為我小時候一直覺得去校外教學也會浪費爸媽的辛苦錢，所以現在只要給小孩花錢我都覺得浪費……」

就像我之前提到「一個覺醒的家長絕對不會跟小孩說『什麼？你要買玩具哦，浪費錢！』」那是家長把自己的匱乏感和恐懼投射到了孩子的身上。許多在講致富心態的書都會寫，窮人和富人最大的差異就是，窮人見到想買卻付不起的東西會告訴自己「我買不起」，富人則會問自己「我要怎麼買得起？」

「爸媽賺錢很辛苦，你要省一點」這種話會讓孩子在花錢的時候有罪惡感，覺得自己做什麼都可能會讓家境更辛苦，讓全家更窮，是自己「害」爸爸媽媽如此辛勞。

所以，覺醒的家長聽到孩子想要買玩具的時候，應該可以同理，先告訴孩子「我也有慾望」、「我小時候也曾經很想要某個玩具」，讓孩子知道有慾望很正常。覺醒的家長這時可以和孩子一起討論要不要買這個玩具，錢該怎麼分配。如果這個玩具的金額超過預算了，清醒的家長可以告訴孩子怎麼規劃、怎麼賺、怎麼讓自己買得起。如果是孩子無止盡的追求，那覺醒的家長也會看到溝通的機會，來協助孩子認識情緒。

而不是讓孩子以為自己不好或有慾望不好，從而失去了追求人生目標的動力。

「看不出來我正在忙嗎？」有什麼問題？

「看不出來我正在忙嗎？」這句話隱含著：小孩不但不會察言觀色、還會給大人找麻煩。

通常大人說出這句話之前，是小孩提出了需求，或許是功課不會寫、或許是有很想分享的消息、或許是在校園人際關係裡碰到了問題。不管是什麼情境，當孩子請求支援，卻聽到大人說「看不出來我正在忙嗎？」

孩子接收到的信念就是：我不重要，我沒有那件事重要。

我在翻譯《全人療癒》的時候看到作者說：「玩樂、冒險、學習都需要安全感。」這句話看似很輕，等我開始接潛意識溝通的個案之後才發現份量極重。學習也是需要安全感的，很多孩子不敢向父母老師說「我聽不懂」或「我不會寫」，因為他們缺乏安全感，因為他們知道大人一定劈頭就說「誰叫你不專心上課？」、「誰叫你不認真念書？」

有些父母會在孩子需要協助或惹出麻煩的時候喟嘆著「我一直在為你操心」，這會讓孩子遇到問題時，傾向自己解決，不願意給別人添麻煩，避免造成別人的負擔，就算在校園或職場碰到問題也選擇吞忍。在不惹麻煩的前提下，幾乎沒有學習為自己挺身而出或爭取資源的機會。我甚至有些個案在學校被霸凌，回家告訴媽媽後，得到的回應是「為什麼人家不欺負其他同學，就專挑你？一定是你自己的問題！」

這就會演化成「習得性無助」（Learned helplessness），少做少錯、不做不錯、真的錯了的話，說出來也沒有用。

這種限制信念沒解開，幾乎都會在長大之後體驗到有問題但沒說出來，結果被主管或配偶發現時，第一時間就被問到「你怎麼都不講？」或是有新任務來的時候就會把所有可能問題想一遍，然後因為沒有信心而推掉機會，再羨慕別人可以被栽培或被提拔。

這要怎麼解呢？通常我們會回溯到當時，去看看家長為什麼會覺得孩子是在找麻煩。幾乎所有未覺醒的大人，碰到難關的時候都只會遷怒。孩子需要求助，大人第一時間想到的是自己沒有資源、沒有能力、沒有辦法，但是不能責怪自己，所以責怪孩子。我們在潛意識裡，會先去看清楚這層關係，知道當時的自己沒有錯，當時的自己是真的碰到了難題，不是在給大人找麻煩。

療癒了當時被錯怪的自己之後，我們會去看看周圍，除了家長之外還有沒有別人可以幫自己，像是同學、老師、教官或甚至里長。許多人都會在這時候喊出「怎麼會有人願意幫我呢？」

可是，只要我請個案去回想看看這輩子有沒有接受過陌生人的幫助，或自己有沒有幫助過陌生人，每個人都可以想起一兩件小事。或許是發現陌生人的皮夾掉在公車上，趕緊撿起來衝上去還他，或許是發現別人在捷運裡被吃豆腐了就英勇地大叫「你在幹嘛！」讓那人住手，或者是結帳時發現錢不夠，但是小吃店老闆娘說沒關係改天再算。

每個人都曾經有過這種「把愛傳出去」的經驗。

我的高中同學圈圈讓我非常敬佩，她的父母在她國中時離異，她跟著爸爸一起生活。但國三那年她和爸爸大吵一架，爸爸就說「不養妳了」，她背著包包去找媽媽，但媽媽說「妳歸妳爸負責」。她摸摸鼻子回去爸爸家，但兩人再也沒有說過話，學費單爸爸會繳，但其他錢一毛也不出。

我們高中剛開學的時候，誰也不認識誰，我只感覺她每天很忙，又有自己的積蓄。那時候高中生能動用的錢大概是百元為單位，但我感覺她的金錢觀是以萬元為單位。

原來她是自學方案，比聯考生早半年就知道自己可以就讀哪間高中，然後她國三下學期就去補習班打工，整個暑假打招生電話就賺了好幾萬。她還跟補習班主任直說家裡的狀況，所以開學後用工資代替補習費，每天坐在補習班第一排，幫老師擦黑板，每堂課都可以聽，還不必繳補習費。她就這樣從高中開始養自己。

「多說多錯、少做少錯」的破解法就是，先卸除「由別人判斷對錯」的權力，把「是非對錯的判斷力」回歸自己身上，然後自己找到其他資源去做原本想做但不能做的事，解決原本想解決的問題。

「我都是為你好」、「爸媽賺錢很辛苦，你要省一點」、「看不出來我正在忙嗎？」是目前我認為最容易傷害孩子自我價值感的前三名，分別讓孩子失去了判斷決策的自信、立定志向的自信和創造人生的自信，而且會覺得想為自己的人生做主是很沒良心、很自私的事情。

在我們理解了這個脈絡，曉得自己的恐懼源自於長輩的匱乏和恐懼之後，我們能療癒自己的方式就是替自己清除限制信念，以旁觀者的角度去端正視聽。

豐盛練習4——讓愛主導你的人生

範例

❖ 我一直很想搬出去，但我始終沒有做。

❖ 因為我一直怕自己沒錢。

❖ 現在的我發現真相是我從來沒有沒錢過，父母捨不得花錢不是沒錢。

❖ 我想告訴當時的自己你沒有錯，是爸媽把該讓小孩吃飽的錢拿去借親戚，是爸媽愛面子，是爸媽不分是非。

❖ 這件事造成我現在動不動罵小孩太吵，覺得小孩總是造成我跟公婆小叔關係緊張，限制小孩在家的行為。

❖ 我不再讓恐懼主導我的生活，我選擇愛。我愛我自己，我要替我的人生做主，我要在六個月內搬出去。

❖ 我一直很想______，但我始終沒有做。

❖ 因為我一直怕______。

❖ 現在的我發現真相是______。

❖ 我想告訴當時的自己______。

❖ 這件事造成我現在______。

❖ 我不再讓恐懼主導我的生活，我選擇愛。我愛我自己，我要替我的人生做主，我要______。

Note

——寫下你的想法，覺察自己！

05

重拾自己的判斷力

把別人的話當成聖旨

「瘋子就是重複做同樣的事情，還期待出現不同的結果。」
——愛因斯坦

既然父母師長已經透過人體實驗證明，他們的價值判斷並沒有帶來豐盛圓滿的人生了，而我們最能感恩前輩的方式就是做出不同的抉擇，讓他們的生命歷練發揮啟迪晚輩的最大價值。

我媽從來不做自己，把自己過得很苦，我看著她的身影長大，決心不苦到自己，我完全沒有「做自己很自私」的信念，我覺得這就是最對得起我媽的方式了。

我爸媽結婚前就決定一起創業，那時候我爸才剛退伍沒多久，兩個年輕人經常為了趕貨就徹夜加班，貨送出去之後再補眠。據說我媽白天睡覺，被她的婆婆看到，就被教訓了一頓，還說「母豬才白天睡覺」，從此我媽發誓再也不白天睡覺。就算工廠裡有午休時間或是小孩要午睡，她也絕對不休息。

她的婆婆在我十歲的時候就走了，我媽那時大概三十五歲。二十年後，有一天下午我看我媽在椅子上迷迷濛濛的，眼皮很沉重，我說：「媽，妳去睡一下吧。」

「我哪有睏？我不睏！」我媽忽然翻臉：「我發過誓，只有母豬才白天睡覺，我不是母豬。」

我頓時歇斯底里，用連續劇八點檔裡的瘋婦口吻說：「妳到底在幹嘛？那女人已經死了二十年了，妳還在用她的話逼死自己？那女人說的話就是聖旨嗎？全世界只有母豬在白天睡覺嗎？全世界就妳最敬重她！把她的胡說八道當成佛經聖經持續背誦還認真執行！」

我忘記那天的激烈衝突怎麼結束的了，反正我媽覺得自己很委屈，婆婆欺凌她就算了，連親生女兒都要嗆她。

因為我媽把「不做自己」或「不能做自己」這個信念推展到極致，所以我從小就知道這樣很憋屈、這樣不快樂。當時的我不能理解為什麼我媽要這樣對待自己，我以為她之所以這麼順服丈夫、婆婆、客戶是因為她不知道自己有權利，像是拒絕客戶延遲付款的權利、拒絕丈夫支配財產的權利，所以我一直覺得自己要多讀書，接受教育，就能理所當然地做自己。

但是，很多人在成長過程中，是一直認同父母的。縱使他們知道父母沒有做得很好，但他們相信父母必然有苦衷，所以在潛意識溝通的過程中，他們很難看出或說出父母錯在哪裡，或甚至看到了也會馬上說：「他們也是不得已，我不覺得是他們的錯。」

我後來發現，寬恕不能來得太早。沒有解開困惑、沒有消除限制信念之前，恐怕那寬恕都是假的，是一種眼不見為淨，只是在迴避衝突。

因為，如果沒辦法說出父母錯在哪，潛意識裡就會繼續認定那是對的作法，或不得已之下也只能這麼做了，不然呢？

因為沒有除錯，所以自己在親密關係或親子關係裡，就會不自覺地繼續沿用這套作法，導致「我最討厭這種對待，但我竟然用同一種方法對待我在乎的人。」

這就是制約

制約發生在潛意識裡，嬰幼兒需要家長的餵養、關懷和保護，所以一邊長大，一邊適應環境，學著判斷好壞、進行溝通、表達情緒，從這段最初的關係去建立各種習慣。家長透過示範來建立孩子的世界觀。我們觀摩別人的想法、模式和行為，學著和其他人互動。這些觀摩而來的互動方式就是制約。

長大之後，許多人都是不自覺地從經驗中重複模式，而不是有意識、有自覺地做出選擇和判斷。

被習慣制約的人會一直重複過去的經驗。制約銘刻在腦子和神經系統裡，影響著我們對待身體的方式、面對情緒的方式、表達自己的方式和人際互動的方式。

因為我們小時候就知道自己必須有哪些言行舉止才會被認同，才會得到餵養、關懷和保護，我們認為這是求生之道——不這麼做會活不下去。

丹丹在幼兒園中班的時候，原本唱遊課結束就要吃點心了，嬸嬸忽然出現在學校，要帶他回家。

他在路上問：「為什麼要回家？為什麼不能在學校吃點心？」

嬸嬸說：「你乖一點，不要那麼不懂事。」

回到家之後爸爸在客廳啜泣，家裡亂成一團，丹丹想知道爸爸為什麼哭，但大人都叫他到旁邊去不要講話。

過了一會兒，消息確定了，媽媽出差的時候意外身亡，爸爸崩潰大哭失聲。丹丹心想：爸爸這樣好可怕，我好害怕，爸爸怎麼跟平常不一樣？等一下爸爸會給我吃飯嗎？等一下爸爸會陪我玩嗎？

這些真實的感受、真實的困惑、真實的慾望從來沒有表達的機會。丹丹聽到其他親戚說：「你不要吵」、「你去旁邊」也聽到親戚交頭接耳說：「怎麼都沒哭？」、「真是白養了！」

丹丹在這個事件中建立的制約就是：別人叫我跪，我就要跪；別人叫我拜，我就要拜；我不聽話行事就讓父母白養了；我要是說出真實感受，我要是做自己，就是讓父母白養了。

我讓丹丹在潛意識裡對爸爸說出真心話：「爸爸，我想跟你快快樂樂生活。」聽到這句話的時候，連鐵石心腸的我都要鼻酸了。五歲的丹丹何罪之有？五歲的孩子遭逢家變，想吃飯、想上學、想知道爸爸為什麼失控、想知道媽媽為什麼再也回不來，有什麼錯？喪母的孩子希望以後還能快樂生活有什麼錯？

但是當時大人粗糙地對待，讓他誤以為他必須符合別人的期待才值得被照顧，他若提出他自己的需求就不值得繼續被養。

看破這一切關聯的丹丹在個案室裡驚呼：「我一直覺得職場好辛苦、好複雜，因為我一直想當每個人肚裡的蛔蟲，要不然我不知道該怎麼做。難怪我這麼想辭掉銀行的工作去種花！」

心理的創傷和身體的創傷一樣，有急性有慢性。騎車出意外會立即損傷筋骨，但長期姿勢不良也會傷筋骨。

有些童年創傷像丹丹這樣深刻而急促，有些創傷緩慢細微，傷人於無感。

只想就事論事的人，怎麼了？

鐔鐔從小家教甚嚴，衣著、舉動、觀念都有一套標準。放學回家後，沒有人講不愉快的事。鐔鐔和弟弟只要提起學校裡任何不愉快的事，爸爸媽媽都會馬上說：「別講這個了，你們今天總有些不錯的事吧，跟朋友玩了什麼呀？去圖書館借了什麼故事呀？考試成績很理想吧？」如果他們想說下去，父母就會說：「過了今天，明天就沒事了，你想再多又能怎樣呢？明天照常過日子就好了。」

結果鐔鐔上高中、上大學、進職場之後完全不能理解別人「怎麼有那麼多牢騷可以發？」、「這些事情不是吞下去就好了嗎？」

他發覺自己不但沒有同理心，還很鄙視那些會提出問題、會訴苦的人。接著，他覺得這世界病了，那些人的問題為什麼被解決掉了，豈非「會吵的小孩有糖吃？」這世界為什麼獎勵那些發牢騷的人，為什麼沒有酬謝他這樣默默忍讓的人？難道他碰到問題也要「同流合污」跟別人一樣說出來嗎？為什麼這個組織裡沒有完善的機制可以避免問題、消弭問題？如果沒有問題，就沒有人需要忍或吵了。

於是，鐔鐔不管去哪裡工作，都會看到組織的結構問題，都想改革組織卻又力不從心。他懷疑為什麼他初來乍到就可以洞察世事、為什麼他有火眼金睛可以看出問題，而其他人卻能在有毛病的組織裡做那麼久，他們是眼瞎了還是心死了？這世界還有秩序嗎？還有正義嗎？

鐔鐔的困惑和義憤一起膨脹，他懷疑是不是只能創業才能重建秩序，也懷疑是不是只能帶孩子自學才能給孩子正確觀念。那他又想：天下千千萬萬個沒有資源可以創業和自學的家長，豈不被這社會辜負了？

如果家長情緒比較疏離，或不擅長接納自己的情緒，因此沒有培養孩子的情緒素養，同樣會使得孩子可能不知道怎麼在關係裡處理情緒，因為害怕被拒絕、被忽略、被鄙視。我們不想再經歷童年想分享經驗或想提出問題時，卻被潑冷水的遭遇。**其實，不想再吃閉門羹的孩子最希望有人為他敞開大門，所以他渴望被支持、被接納，但他又瞧不起需要被接納的人，因此精神內耗，持續折磨自己。**

鐔鐔在潛意識裡回到童年的餐桌上，向父母提起學校裡的不愉快，他聽到媽媽說：「別提這個了，吃飯說這個掃興。」

鐔鐔對媽媽說：「我知道你們不把大人的煩惱帶回家，是一種體貼，想保護我們。」、「有時候把問題說出來不是要對方解決，我沒有要擺爛或是推卸責任，我只是想要得到安慰。」、「妳預設就算說出來也沒有人能解決問題，就是認為我和爸爸、弟弟都無能，妳說都沒說就斷言我們沒能力解決。」

鐔鐔在潛意識裡除錯之後，過了兩週寫信告訴我：

「我女兒說她在學校排隊玩玩具，還沒輪到她，下課時間就結束了，大家都得回教室。她整個下課時間什麼都沒做，就只有排隊。這是我第一次完整地聽她說完，以前這種話，我聽到一半就想找老師開會或者辦轉學……」

「我問她沒玩到玩具有沒有很難過，女兒說還好，因為排隊的時候都在跟好朋友聊天，聊得很盡興，上課就不會想要傳紙條了。」

鐔鐔說：「我從來不知道，女兒只是想告訴我白天的經歷，沒有要我去改革她的學校。」

一直迴避衝突會更害怕衝突

楠南從小就一直挨罵。

楠南的媽媽非常容易發脾氣，稍不順心就會罵小孩，而且媽媽常找爸爸吵架，總是讓楠南很害怕。長大之後楠南自然想迴避衝突。楠南認為自己的優點就是察言觀色、解讀空氣，只要她注意到什麼人臉色不對勁，她就可以快速掃描出到底什麼事情出了差錯，她說自己總是可以在客戶都還沒有抱怨或申訴之前就把客戶安撫好。她說她的工作是業務，我聽著倒像是客服。「當然，」楠南表示：「把客戶安撫好就會有訂單，就是做業務啦。」

楠南很容易疲倦，我覺得那是因為她同時生活在兩個時空裡。只要看到來電顯示，她馬上回想和這個人近期的互動，檢視自己或公司有沒有任何紕漏，如果想到了，要怎麼立刻道歉並提出補償方案；如果沒想到，要怎麼跟上級回報才不會讓主管生氣或失望。

她可以很快地在一兩聲鈴響之間穿越到那個客戶不爽的未來再回到現實世界，

接通電話。

我問她：「妳的預言準確度有多高？」

楠南說：「什麼？」

我接著問：「妳不是一直在預測未來嗎？當自己的占卜師？」

楠南說：「不是要防範未然嗎？不是要在事情沒發生前就先做最壞的打算嗎？」

楠南在潛意識裡回到「必須防範未然、必須在事情沒發生前就要先做最壞的打算」的時刻，她看到小學一年級的自己在家裡，很害怕，因為媽媽又發脾氣了。她不知道自己又做錯了什麼，很努力地回想，感覺自己絞盡腦汁的速度要比媽媽怒氣上升的速度更快才能活命。想不出自己做錯什麼，能彌補什麼，就想想那現在能做點什麼讓媽媽消氣。

我問楠南：「這件事讓妳誤會了什麼？」

「誤會？沒有啊，」楠南想不出來，接下來她說的話連自己都在搖椅上震了一下：「小孩本來就不應該給大人添麻煩。」

楠南這時倒吸了一口氣接著說：「有次我兒子跟其他小孩玩桌遊，那個小孩沒玩過，不知道規則，分數都亂算。我兒子覺得很不公平，看得出來有點情緒，我就跟兒子說『你不要臭臉哦，你不要發脾氣哦，你想繼續在這裡玩就不要計較這件事。你要是不開心，我們就馬上回家。』」

楠南明明知道要尊重自己的孩子，明明看到是其他小孩不懂規矩，可是他卻要求自己的小孩在遊戲中以和為貴。

沒有在潛意識除錯的話，我們不管看多少書籍、文章，聽多少演講，依舊「明明知道那樣做才對，可是我卻做不到。」

「知易行難啊！」楠南在個案室敲著頭說：「我知道卻做不到。」

為何我們知行不合一？

為什麼大腦好像知道，但身體卻做不到？

這是因為我們在安裝錯誤信念的當下，學會了背叛自己，也就是我們在成長過程中，一點一滴接受別人的價值信念時，也一斧一鑿地破壞了大腦與身體間的溝通管道。

丹丹、鐔鐔和楠南都以為自己錯了，他們都以為自己很糟糕，他們不相信原本的自己是個好孩子、是個好人。他們發現「違心」的時候讓大人比較放心、比較信賴、比較喜歡，所以會在成長的過程中繼續打磨這項技巧。

迷走神經是連結腦幹和體內器官的腦神經，這是條雙向溝通的管道，可以把大腦的訊息傳遞給器官，也可以把器官搜集到的訊息傳遞給大腦。我們從小就有感受，包括體感和情緒——會餓、會累、會睏、會難受、會生氣、會委屈、會嫉妒、會不爽。

這都是身體的訊號。身體透過迷走神經把需要食物、需要休息、需要保護等訊號傳給大腦，原本是希望大腦透過「溝通表達」，讓自己獲得滋養、保護、關懷。

但是，很多時候，大人不能接受那樣的孩子，就教孩子不要接受那樣的自己。

「一點路都走不動，那麼沒用。」
「這麼大了，還要媽媽抱，羞羞臉。」
「吃這個很貴，你都不會替家裡著想。」
「人家可以去參加是他家有錢，不要羨慕了，你認命吧！」
「伯伯就是覺得你可愛才抱你，或讓你坐在他腿上看卡通。你不可以臭臉，要有禮貌。」

大腦接受了這種教養，透過迷走神經去反駁身體的訊號。然後我們就開始背叛自己了：嫉妒、羨慕是錯的，是不知足，是不認命；會累、會睏是錯的，是給別人添麻煩。

我們有真實的感受，但是無法接納，所以開始責備自己、嫌棄自己、懷疑自己。接下來就會開始懷疑自己能不能做出好決定——那就讓父母和老師來選校、選科系、選職場好了；那就找個父母不會挑剔的伴侶好了。

結果到了中年卻開始困惑著：我是個好學生、好員工、好太太、好媳婦、好媽媽、好女兒，可是我怎麼沒有覺得自己過得很好？

要過好日子，我們就要練習：不背叛自己，信任自己。

其實，我們每個人本來就都有取得豐盛的資源和工具，只是我們棄而不用。最初會有各種體感就是身體想為我們取得食物、休息和保護，脫離挨餓、受怕、疲倦的匱乏狀態，但接受制約的大腦卻要身體在匱乏狀態待久一點——「撐下去」。

豐盛練習5——讓身體來處理

這章的練習就是要重建大腦與身體間的溝通，《能量七密碼》裡有一項練習叫做「讓身體來處理」，我和個案都從中獲益良多。

❖ 當生活中出現摩擦，讓你有情緒反應的時候，不管是激動的情緒或隱微的心情，請立刻問自己「哪裡」，而不是「為什麼？」許多人都會馬上想知道「這種事怎麼會發生在我身上？這種事為什麼會發生在我身上？」但請你改問「我在身體的哪裡感覺到這股情緒了？」

❖ 請掃描全身：我握緊拳頭了嗎？我呼吸加速了嗎？我感覺到自己的聲音不由自主地愈來愈大、愈來愈高嗎？我感覺到太陽穴在跳動嗎？我是不是聳肩了？有些人可能覺得胃緊緊的，或是身體發熱、發寒，還是說話跳針、重複動作。

❖ 去感受：過去很多人會叫自己「不要緊張」、「不要怕」、「不要發神經」，這些指令都是不讓自己去感受當下最真實、最自然的反應。

請你改變作法，請你去感受身體，跟自己說：「我覺察到拳頭緊了、呼吸急促了，我不會再忽視你了。」

❖ 如果你曾經因為哭餓被罵、因為想賴床被揍，你的大腦會很自然地想要關掉身體訊號來保護你不被罵、不被揍。請你深呼吸，並且對自己說：「我現在很安全，我現在活得好好的。我可以安全地感受我最真實、最自然的反應。」

❖ 深呼吸，並且跟自己說：「我覺察到了，我叫大腦來關心你。你要我怎麼照顧你呢？」

❖ 回想一下，幾分鐘前，當生活中出現摩擦，讓你有情緒反應的時候，你原本想怎麼做？此刻的你，經過掃描、感受、覺察、體諒自己和深呼吸之後，你想做什麼？恭喜你！這次你沒有根據恐懼做出反應，請你招待自己一杯水或給自己一個擁抱。

Note

——寫下你的想法，覺察自己！

06

啟動你的高階腦力

為什麼你有些事想不通？

為什麼要重建大腦與身體間的溝通？因為這條通道沒有修復的話，人就會一直「想不通」。

許多人一輩子都靠防禦性格過活。《能量七密碼》說，防禦性格者知道自己需要被保護、被照顧才能生存，便隨時提防威脅，掃描外在世界，看看自己還有哪些地方沒有得到接納和認同。防禦性格者以為要這樣才能安身立命，我們不會從自身的慾望出發，積極追求我們所愛的人生，而是一直想辦法求生。

這個以恐懼為基礎，以求生為中心的人生觀在《能量七密碼》就稱為「防禦性格」，這種防備心強烈的人生觀讓我們以為問題就在我們身上，誤以為現在不快樂、不滿足是因為自己出身貧困、或自己不是男生、或沒機會上大學、或沒機會出國、或沒錢沒時間去做真正想做的事。

為什麼防禦性格會主宰我們的人生？

為什麼防禦性格會綁架我們的大腦？

第一位提出多重迷走神經理論的大師波吉斯博士（Dr. Stephen W. Porges）說，大腦是個倒三角形的結構，最上方的皮質負責比較複雜的思考功能，只有在我們感到安全時才能啟用；**當我們察覺到危險或威脅時，這些表達、溝通、理解、思考的功能會關閉，使我們採取防禦措施。在這狀態下的人很可能會錯誤解讀別人的表情、動作、話語**。這時很可能把中性的臉部表情視為有攻擊性，把恐懼的表情視為憤怒的表情，這樣的人無法透過人際互動來自我調節，自己也會產生威脅性。

我在看波吉斯博士演講時很有感，我家以前也是衝突熱點，大人爭執不斷，所以我小時候也得常觀察家中的動靜和大人的臉色。等我上學之後，我很好奇為什麼我的同班同學「敢」跟老師講話。我沒有想過除了上課回答老師的問題之外，還可以去找老師說話，那些同學下課後跟老師聊天或陪老師走回辦公室，好像也不是在問功課。我想到要跟大人說話——不只是老師，可能包括商店收銀員、公車司機——我的反應都是「我不敢」，如果往下問「在怕什麼？」或許當時的我完全沒有答案，就是不敢啊！這就是誤判了環境的安全性與危險性。

我也記得小學午餐結束後，把營養午餐的餐桶扛回廚房，我和同學在路上打翻了湯桶，拖地拖了一陣子才弄乾淨。回教室的時候看到一位老師，我馬上就想著他一定會問我們為什麼沒有在教室午睡，我們一定會被罵，結果同學如實說我們剛剛在拖地，準備回去午休了，老師竟然誇我們一番，那就是我誤判老師有攻擊性了。

「神經覺是在不知不覺中評估環境中的風險。」
「神經覺未必總是正確，錯誤的神經覺可能會在無危險時偵測出危險，或將危險辨認為安全。」

——波吉斯博士

至於防備心所生出來的威脅性，我相信大家也很熟悉，有些書會說是「堅強的武裝」或是「為了不受傷，所以長出刺」。

我印象很深刻的一件事是，我家附近有間滷味專賣店，香氣甚濃，雖然這間滷味開在騎樓最中間，但左右兩條巷口都聞得到香氣。開心果暑假每天去游泳，回程經過就說：「好香哦，我聞了就餓了，好想買來吃哦。」

有一週我要工作，沒有帶他去游泳，後來我們再經過滷味店，開心果竟然閉氣快步走開，他說：「阿嬤說這是化工滷味。」

我無從判斷那是不是化工滷味，但我佩服阿嬤洗腦好徹底啊，後來開心果再也不會想吃吃看了。有一個晚上，那滷香特別重，開心果捏起鼻子不想吸，剛好這時有個女生經過我們身邊，對開心果說：「你才臭咧！」

我正覺得莫名其妙時，發現她牽著一隻小狗，立刻明白了。她看到開心果捏著鼻子，誤以為是他嫌狗有味道，這就是防備心生出的攻擊性了。

防禦措施是我小時候很熟悉的行為。**靠防禦性格在度日的人就是這麼深信威脅的存在，所以很容易恐懼害怕，很容易「想太多」，更容易「想不開」**。但遺憾的是，這種「想」都不是真的在用腦，因為這些情境裡，腦力都用在掃描威脅或期待威脅（才能證明自己防範未然、未雨稠繆，並非杞人憂天），腦中有在運作的部位是腦幹，而非溝通、表達、思考、創作等區塊。

在波吉斯博士提出多重迷走神經理論之前，學者認為在安全感匱乏的狀態下，我們會有「戰鬥」或「逃跑」兩種反應（Fight-or-Flight Response）。但是，很多人是幼時在家裡體驗到威脅，不能反抗也不能逃跑，所以更常見的應對機制是「癱瘓、僵住、當機、假死、解離、登出」。

這些都是心理書籍、身心靈療癒書籍裡會用的詞彙，根據我的觀察，學員自述的時候會用的字是「聽話」。**在我的理解裡，聽話就是「放棄抵抗」加「社會化」**。

「癱瘓」最常見的例子就是小田鼠若被貓頭鷹等猛禽抓住、自知求生無望後，會在明明還有生命跡象的時候看似死了。這是一種試圖將存活率提到最高或痛苦降到最低的適應行為。

我試著去想像自己是那隻小田鼠，被貓頭鷹攫住，愈飛愈高，等貓頭鷹到樹梢時，自己就會被生吞活剝，貓頭鷹的利爪和鳥喙，即將撕裂我的皮肉和血管……若我一息尚存，那痛苦的程度實在無法承受，還是關閉所有感知，任無法避免的暴行或悲劇發生吧。心中默想：「要殺要剮，任你發落。」

波吉斯博士說，這是一種自保的方式，社會化後的人類，在感覺到沮喪與無望時聽別人的話，就是在心中想著「我按照心意活不下去了」、「你要怎樣，我都照做」，這就是一種社會化後的「要殺要剮，任你發落」。

「癱瘓」（聽話）這種適應功能原本是為了在危險時保障生存，但波吉斯博士表示：在沒有威脅的情況下仍習慣性地運用，反而會變成適應不良。

楠南說只要電話一響，他就覺得大事不妙，怕客戶不下訂單了，或客戶收到貨之後不滿意了。我問楠南：「你會因此有殺身之禍嗎？會被炒魷魚嗎？會被減薪嗎？」楠南都說不會。

我想這就是波吉斯博士說的適應不良了。在自擬的威脅中不斷洗腦自己「我無法改變現狀，也無法逃離現狀，只能適應現狀」。

因此，**遭遇困境或逆境時，往往覺得除了「忍」和「撐」實在沒有別的方法了，這就是任人發落悉聽尊便，放棄掙扎的心態。這樣的生活長期瀰漫著無力、無助、無奈感。**

豐盛就是從無到有的過程

我們會誤信自己「無」，是因為社會的集體制約和承襲來自家長的恐懼，讓我們的神經覺誤判了環境中的風險，以為自己會有殺身之禍、以為自己會失業或被減薪、以為自己會走投無路。

既然如此，我們只要重新設定神經系統就好了！當我們覺察到威脅或危險，先透過深呼吸和冥想來進行事實查核，確定自己其實沒有殺身之禍、不會失業或被減薪、不會走投無路之後，去滿足身體的需求——該吃就吃、該睡就睡、想發牢騷吐怨氣就打給信任的人。你可能很想要得到一筆錢來解決問題或一則道歉，那不是身體的需求。

身體的需求是類似坐下來、躺一會、伸懶腰、喝熱湯。我很喜歡鄭先安醫師在演講時說的一段話：「我們一歲之前都活在當下，沒有想法，都是身體的『覺』，想哭就哭了，吃飽飽的下一秒可能就睡著了。」我們不用回到嬰兒時期，但在一天之中，抽幾分鐘的時間讓自己專注於身體的「覺」，對你會有幫助。

關於打電話訴苦，如果你擔心時機不適合，信任的人可能在上課或開會，那就錄語音留言；同樣地，你也可以錄語音留言傳送給自己。情緒需要流動、需要行動，若你的身體需要暢所欲言一番，請不要阻撓。但如果你擔心的是散播負能量或給別人添麻煩，我後面會寫到非暴力溝通和如何建立自己的後援系統。

要建立「從無到有」的能力，我們要從自身做起——有事就是有事，不要謊稱沒事；有關係就說有關係，不要謊稱沒關係。

安全感夠高才能啟動思考力

根據波吉斯博士的倒三角形大腦結構，只有安全感較高的時候，我們才可以運用較高階、複雜的思考功能，但安全感低落、我們感覺危險時，這些區域會關閉，使我們進入防禦模式。

波吉斯博士指著倒三角形大腦結構說：「一層一層的功能愈來愈高階，我們的表達能力和思維就愈多樣有彈性。所以，安全感的高低決定了腦功能。」

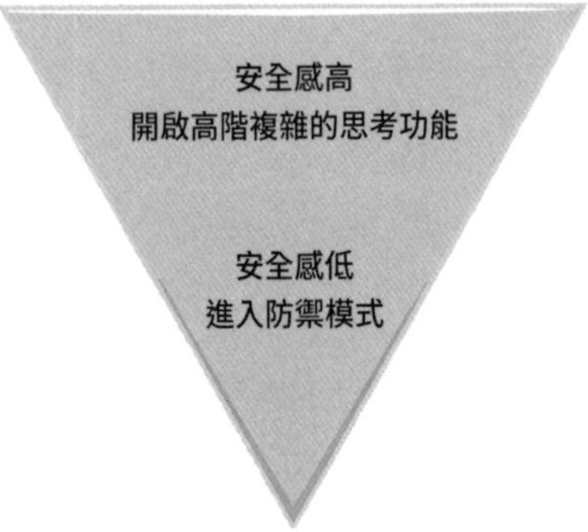

這說法完全呼應了腦神經科學權威丹尼爾．席格（Dr. Daniel Siegel）在談正向教養時說的：孩子鬧脾氣正是全腦開發的好時機。因為孩子鬧脾氣就是某個需求沒有被滿足，而孩子沒有選擇「忍」或「撐」，而是展現出表達能力不足或解決能力不足，這時只要允許、陪伴孩子練習把需求說出來，孩子感覺到自己被接納、被支持，從這段關係或這個環境中獲得安全感，就能學會適當表達與求助，這就是全腦開發了。

怎麼活成生活如意的人？

我明白，這一切聽起來都很反直覺、反傳統。傳統說我們要乖要聽話，這樣才受教，老師才能好好傳授知識，讓我們離開校園能順利進職場，有工作才有收入，接下來才會有錢可以打造想要的生活。我知道，我也是被這樣教育長大的。但這套方法究竟在幾個人身上奏效過？

這種教育方式，即便立意良善，旨在協助學生成功，教育過程卻違反了大腦運作的原理。我們的腦子在升學的壓力和害怕淘汰的恐懼作用下，沒辦法完全理解和記憶那麼多東西，而且，真正成功、致富的人腦子裡根本沒裝那麼多別人交代的東西。

我將我在口譯場合遇見的人和在個案室遇見的人，兩者做比較，最顯著的差異就是如意和不如意，我再進一步觀察——為什麼我在口譯場合遇見的人可以生活如意？我發現他們都擅長「**爭取**」；為什麼在個案室遇見的人生活都不如意？我發現他們都擅長「**隱忍**」，而且他們竟然都習慣這樣做——寶寶心裡苦，但寶寶不說。

我發現，他們的價值判斷不同，造就天差地遠的結果。

我所觀察到的富人都知道自己不是最聰明、最厲害的人，自己沒有掌握所有的知識、自己不會有一切的答案，所以當他們碰到問題的時候，他們會先想「這要問誰？」

而生活不如意的人往往覺得自己沒有足夠的知識可以解決問題，就是自己不夠好，光是要承認自己沒有答案就內耗掉很多精力了。富人在導入資源的時候，窮人還在鑽牛角尖。

終於！這一切都通了！

世界上無窮無盡的知識、宇宙間無窮無盡的資源，本來就不在我們身上。人貴自知，就是這個道理！**一個人最可貴的就是，正確認識自己的局限**。

唯有安全感足夠的人能學會表達和求助，完成全腦開發（開啟大腦高階思考），建立人我連結（互助關係），讓資源流通。

我們想要豐盛、想要致富，當然需要腦力全開！

豐盛練習6——認識自己

認識自己、了解自己、接納自己就是富貴命的養法，我們現在就來練習：

❖ 當你感覺到無奈，忍不住一直對自己說：「我沒辦法」、「我也沒辦法呀」、「我也不知道怎麼辦」、「我不知道怎麼會這樣」。

❖ 請改口對自己說：「我現在沒辦法，但世界上一定有辦法，只是這答案不在我的腦子裡，我不需要想破頭，我只要開口問別人。」

❖「這要問誰？」現在就請你去想想，有誰可能知道答案。

Note

——寫下你的想法，覺察自己！

07

人類世界就是共濟會

為什麼別人要幫助我？

你有沒有曾經這樣想過：「我又不是什麼大人物，別人為什麼要幫我？」我常常碰到這樣的個案和學員，就是不管任何講者、作者或同班同學提出建議，他們都可以想出一萬個不接受的理由。

沒關係，那是限制信念，可以解除。

當我們感覺到無奈、無助的時候，先接納這個處境，透過深呼吸，好好體會這種無力感，然後事實查核，確認自己還沒斷氣、還好好活著。

每個地獄都有先行者。你現在的遭遇一定有人經驗過，所以下一步就是去想想看誰有過類似的遭遇。

這世界有無窮無盡的資源，等著我們去取用。只要我們願意把自己的逆境和困境說出來，一定可以連結上資源。

只有一種人得不到幫助，就是不管對方提出什麼建議，都只想打槍、只想否決的人。

只要我們是真心地想改變境遇，願意接收這時出現的資訊、協助、提點，我們就不怕沒資源。

世界就是一個龐大的共濟會

大家可能聽說過世界首富都是共濟會的成員，或是共濟會控制著全球經濟。在我因為口譯工作近距離接觸到共濟會成員之後，我深刻理解到「共濟」的真義。

地球上只有人類需要用到金錢和財富，所以我們要討論財富與豐盛，必然要觀察人類發展史：工業革命過後又有資訊革命，現代的社會已經專業分工到很細膩了，我們幾乎無法在這個世界上自食其力。我們的生活完全受惠於別人的工作，不管是頭痛不舒服要看醫生、功課不會寫要問老師、出門遠行要搭火車、想看電影、想吃牛排，這些事情都沒辦法靠自己獨立完成。

人類要互助合作才能活下去。沒有人能自己蓋房子，從買材料開始，靠自己的力量把建材組裝起來、施工，自己蓋出完整的房子並安裝家具家電。飲食也一樣，就算是自己做飯，但所有食材都自己栽種、自己收割的人應該少之又少。那為什麼我們能住在房子裡、為什麼有東西可以吃，就是因為有他人的工作與專業。

你想變漂亮，有人幫你設計髮型、有人開發保養品、有人製作化妝品。你想要有娛樂，有人去拍影劇、拍電影、製作動畫、製作音樂專輯。

這個世界就是由眾人合作所建構起來的，錢就是我們表達感謝的方式。因為我們受惠於人，所以我們用錢來謝謝他。

《我們為什麼要讀書？為什麼要工作？》[11]書中舉例說，當你吃到壽司的時候，你付錢來謝謝壽司店提供壽司，而壽司店也會付錢給漁夫、種米的農家、釀醋的廠商。這是一個服務鏈，也是一個感謝鏈，你的錢就在創造價值的循環。

人類必須互助合作才能生存。

所以我們受惠於人的時候，就用錢來感謝他。同樣地，當我們幫助別人的時候，別人也會用錢來感謝我們。因此，我們要做的事情就是「助人」。

我們每一次幫助別人、服務別人就是在創造價值，錢可以傳遞價值，而工作是讓人發揮價值的場域。

「錢不是賺來的。錢是幫他人解決問題後給你的回報」

——稻盛和夫

因為「個人」不可能擁有所有的知識、時間、體力去做每一件事，所以在現代社會裡生活的人不需要每件事都自己完成，「別人的工作成果」可以協助我們去完成自己沒有能力、沒有時間、沒有體力可以做到的事。

像是公車司機或計程車司機讓我們可以少走幾步路，醫生可以減少我們疼痛或難受的程度，作家和導演可以帶我們去認識不同的文化、想像不同的世界。因為有「別人的工作成果」，我們的能力、時間和體力就可以拿來做自己的工作。

11 池上彰，《我們為什麼要讀書？為什麼要工作？》（なぜ僕らは働くのか・君が幸せになるために考えてほしい大切なこと），采實文化，2022。

我們每天的生活都在接受別人的協助，別人的工作做得愈好——像是營建業重視防震結構、餐飲業重視食品安全、教育業重視全人發展——我們的生活品質就愈高。

同樣地，我們的工作做得愈好，回報就愈高。

我們必須在這裡定義「工作」，第一，這份工作不是在販售生命。第二，這份工作有在「助人」。這是人生教室裡大家經常混淆的觀念。

說到現在大家應該可以理解，傳統定義裡的工作不能讓我們致富，我們也不可能在那樣的職場裡靠勤奮致富。窮人和富人最根本的價值觀差異就在於「時間觀」，富人知道時間才是人類最寶貴的資產，必須善用時間，時間就是生命的片段，我們在一個人或一件事上投入時間、付出時間，等於是付出了自己的一段生命，永遠拿不回來。窮人最常做的事情則是花時間省錢，拿時間換錢。

所以在共濟會裡，豐厚的報酬來自工作的品質，而不是投入工作的時間。

幫助對方成為更好的人

再來，什麼是「助人」？

我覺得小學的《生活與倫理》課本或童軍守則滿徹底洗腦大家。有許多人想到助人，就覺得是扶老太太過馬路，或幫助有難之人。

我談到的「助人」，其實是「幫助對方成為更好的人」的意思。我在開工作坊的時候，有同學說工作的時候，同事拖拖拉拉或給錯資料，讓自己沒辦法順利地把工作繼續下去，就會因為同事的工作品質很低，壓縮了自己的作業時間，變成自己要加班或熬夜，那時候我就說：「所以不能當救火隊啊！」

如果你每次都可以接受他的拖延或低效，每次都犧牲自己去擦他屁股，這樣你賺來的錢就是在證明你的價值是救火或擦屁股。這樣不好，但是當我提到工作就是要助人，學員則反問：「妳前面說不要當救火隊，後面說要助人，這沒有矛盾嗎？」

大家想一下，你們覺得呢？有矛盾嗎？

我的經驗和理解是：如果你一直在幫人家擦屁股，他就學不會怎麼擦屁股，所以妳沒有在幫助他變成更好的人哦。

你想要豐盛，就助人豐盛

我還有另外一個例子，我們有一堂直播課辦完之後，主辦單位問我可不可以多提供一些講義、筆記、音檔給同學，我覺得很好啊，又因為這些東西本來就放在我的線上課程網站了，所以我就說，那我開0元折扣碼，讓大家可以免費下載。

結果主辦單位的工作人員跟我說：「這樣有點麻煩，大家點了0元賣場之後，網站會寄 email 給學員，學員還要去信箱確認才能拿到講義。」

我那時候就叮嚀自己一定要記得這個案例，在書裡寫出來。

助人不是伺候別人！

大家千萬不要混淆了。如果你要服務的對象有好手好腳，智力正常，千萬不要誤以為你要服務到家，你這樣沒有幫助他成為更好的人，而且如果你以為這是你擅長的事，你很會伺候這些人，那你就會吸引更多需要你伺候的人來到你的生命中，他們明明很多事可以自己完成，卻都期待你會幫他們做到好。

大家知道地獄長什麼樣子嗎？

在《愛的業力法則》[12]裡面，作者說地獄就是一間高級餐廳，一走進去就可以看到挑高天花板，踩著厚厚的絨地毯，這裡面有音樂有名畫，還有一張大長桌，桌上擺滿了山珍海味，遠遠的就可以聞到食物香氣。可是呢，地獄餐廳裡的每個人都愁眉苦臉，原來是因為這裡的筷子叉子湯匙都有三尺長，比高爾夫球桿還長，他們夾了菜之後根本沒辦法送到自己嘴裡，所以他們看著這些菜、聞著香氣，可是愈來愈餓。

那天堂是什麼樣子呢？

天堂也是高級餐廳、也有挑高天花板和厚地毯，也有音樂和名畫，也有山珍海

12 麥可．羅區格西，《當和尚遇到鑽石4：愛的業力法則：西藏的古老智慧，讓愛情心想事成》（*The Karma of Love: 100 Answers for Your Relationship, from the Ancient Wisdom of Tibet*），橡樹林，2014。

味，而且餐具也有三尺長，比高爾夫球桿還長，可是，每個人都在享受美食，笑咪咪的。他們怎麼吃得到美味佳餚呢？因為天堂裡的每個人都夾了菜給對面的人吃。

這就是宇宙法則裡很重要的一條：助人。當你想要成功，你就助人成功，你想要快樂，就助人快樂，你想要豐盛，就助人豐盛，當你在做這些事情，宇宙就會拿錢來給你。

宇宙法則：你想要從人生中得到什麼，就要先付出那樣東西。

你能付出，就會變有錢

我以前不明白為什麼我想要錢，我許願要有錢，卻要我把錢給出去呢？

後來我懂了。

要獲得外在財富，最有效的方法就是讓內在世界富裕，而財富真正的來源就是你創造價值的能力。

也就是說，當你願意給，你有東西可以付出，你就是在告訴宇宙你很富足，你在體驗你「有」東西可以付出，所以你在用豐盛的頻率和宇宙共振。

好，我知道有人會問：「那我沒東西可以給呢？妳語言能力很好可以當口譯員，可是我沒有專長。」

這也是人生教室裡大家常有的誤會，其實認真觀察身邊的真實人事就會知道，有許多人沒有特別厲害，日子一樣很順風順水啊（我不是在酸他們），或者你去觀察金錢的流向，你的每一筆支出都是付給了那個產業的佼佼者嗎？難道你只吃第一名的蛋炒飯、第一名的牛肉麵、第一名的麵包、第一名的珍珠奶茶嗎？

任何人都可以付出，縱使你什麼技能都沒有、什麼資產都沒有，你的孤單、你的憂鬱、你的失落、你的自卑都可以成為素材。

說出煩惱也是一種付出

捲捲說他小學四年級那年想加入籃球校隊，需要家長同意，但回家跟媽媽說了之後，媽媽不答應，他哭求了一下午，媽媽還是不准。

我問捲捲：「媽媽為什麼不准你加入籃球隊？」
「因為媽媽要我週末去餐廳幫忙，可是校隊的練習和比賽都在週末。」
「原來如此，」我繼續問：「那你一定要媽媽同意才能加入校隊嗎？」
「對啊，」捲捲說，「不過，後來我自己簽了同意書。」
「什麼？」其實我也是很佩服他有這等行動力。
「但是我從來沒有代表學校出去比賽，」捲捲說：「我進了校隊，但是週末都要去餐廳幫忙。」
我問：「所以，你是球隊隊員，但是從來沒有出場比賽，有什麼感覺？」
捲捲說：「團隊活動才是最重要的，輸贏不重要。」
我問捲捲：「你喜歡打籃球嗎？」
捲捲覺得我的問題很荒謬：「當然喜歡呀！」
「你為什麼喜歡打籃球？」
「我喜歡得分，喜歡贏球啊。」
「那現在的你有什麼話想對一分鐘前講『輸贏不重要』的自己說？」我問。
捲捲不說話。

我接著問：「如果你是教練，有個球員週末不能練球也不能參賽，你會重用他嗎？你會栽培他嗎？」

「我們回到加入校隊之前，你很想加入校隊，媽媽不准，這條路已經封了，而且你也不能偽造簽名。那你再想想看你要怎麼做？」

「我要說服媽媽。」

「你不要說服媽媽了，這條路封起來了，你還可以做什麼？」

「我要讓媽媽看見我的努力！」

「不要管媽媽了，你看著面前有個十歲的小男孩，他很想加入籃球隊，但是媽媽不准，你有什麼建議要給這個小男孩？」

捲捲整顆頭垂下來，掛在頸子上，「沒用的，你沒辦法打球。」

這就是後來在職場、感情裡都持續影響著捲捲的限制信念！他執著地認為他的幸福快樂被掐在別人手上，只要那個人不幫他，他就無法幸福快樂了！

「學校裡有人知道你想加入校隊嗎？」

「沒有。」

「你是真心想打球嗎？」

「對。」

「那你下課時間去操場打球，校隊練習時間在旁邊打球。」

「好。」

「打球的時候發生了什麼事？」

「有人問我要不要加入球隊，好像是學長又好像是教練。」

「很好，對他說出你的真心話。」

「我很想加入，但是我媽不答應，我加入了也沒辦法出賽。那個人問我為什麼，我說因為我週末要去餐廳幫忙，他說這簡單，我們上午練球，下午球員都去你們餐廳幫忙……」捲捲睜大眼睛，「這怎麼可能？」

「新聞裡面不是很多這種例子嗎？像是合唱團的所有人一起去某個團員家幫忙資源回收、垃圾分類？社團成員一起幫某個同學推輪椅、抬輪椅？小學同學一起幫某個小朋友賣菜？這種故事很多，只是你拒絕了這份劇本。你不相信有人願意協助你，你就沒有把你的困境說出來，你不但沒說，還想了一些很冠冕堂皇的話來洗腦自己說服別人，像是輸贏不重要、出場不重要，你真心話都沒說，嘴上表現得無所謂，那誰會在乎你呢？」

很多人想到「給予」、「付出」、「助人」都會覺得我要給出好東西，這固然立意良善，但是內心深處也會形成一道門檻，會覺得「我得先有好東西才給得出來，那我現在就是還沒有啊」於是又把豐盛的時間點往後延了。

我想提倡的是，其實好壞貴賤都是世俗凡人的標籤，把困境說出來就是在給人行善的機會，這其實是一種很強大的給予。這就是一種互助，你說出煩惱，就是在給別人做功德的機會！

身為一個文字工作者，又熱愛討論情緒、覺察和教養，其實我非常喜歡家長來留言分享他們的育兒難題。畢竟，我是我身邊五個人的平均，而我身邊最常互動的五個人都信奉正向教養，如果大家不來留言和我討論，我根本沒有素材，而且如果我離一般普遍的親子衝突場景太遙遠，給出來的建議也都會顯得太過清高、無法執行。就算有些人是氣噗噗地來吵架，留言說「不打小孩就是不教，就是放任！」或是「不打小孩就會被長輩指教」，我也都會很感激，在心中默念：「給我德！給我德！讀者送德來了。」

功德、時間、歷練，這些錢買不到的資產才是人生中最重要的價值。我就是這樣透過一則一則的留言，去訓練自己用不同的方式來介紹正向教養。

無用之用，是為大用

所謂「凡事問臉書」，提問的門檻和成本已經被科技公司降到如此低了，大家請多加利用。其實人我合一的意思就是，智慧不必在我、資源不必在我：當我們把困境說出來，對外求助，就是在播下智慧的種子，給別人分享與布施善知識的機會、鍛鍊口才和文筆的機會、推廣理想作法的機會，而他們的建議就是在拓展我們自己的智慧，讓我們發現「哦，原來可以從這邊著手。」

別人的智慧、天地的智慧都可以成為我們的智慧，為我們所用。

不僅好壞貴賤是世俗的標籤，我們在認識天賦的過程中也很容易被別人眼中「有用、無用」的價值判斷影響。

我大學的時候很喜歡看《麻雀變公主》原著小說，女主角的媽媽和她的老師交往時，她就很納悶：「老師這樣辛苦又有意義的工作，為什麼酬勞那麼少？為什麼明星唱唱跳跳就可以賺那麼多錢？」

如果我們都不去反思和批判我們所接收到的基礎教育，會很難回答這個問題吧。

這個問題一直放在我心裡，就連我開設豐盛冥想社團和「老娘有錢」線上課的時候，我也一直拿來辯證。

如果娛樂和運動都「沒用」，只有不會唸書的學生才去學體育和歌舞，那為什麼運動明星和演藝人員的收入這麼高？

不管是詩人、作家、導演、編劇或演員，他們都在「助人」，讓不同處境不同心境的人可以得到共鳴，他們在提供認同感、安全感、幸福感。

而老師如果沒有覺醒，還以為自己的工作就是把書本的知識灌輸給孩子，以為自己的任務就是要讓孩子在考試的時候取得好成績，那只是把一個個活力十足的孩子變成溫順聽話的螺絲釘。

加班就能夠加薪？

欄欄和杆杆都有超時工作和過勞的困擾。欄欄來找我的時候說她五年前也體驗過潛意識溝通，我問她當時是為了什麼事情呢？她說那時想轉職，當時的工作太辛苦了，每天都要到晚上九點多才下班，回家就很晚了。我接著問「那妳現在做什麼工作呢？」欄欄的答覆讓我目瞪口呆：「我沒有離職，還是同一份工作。」

我問欄欄為什麼要加班？

欄欄不假思索地說：「因為工作做不完啊！」

我好奇：「那加班能解決問題嗎？」

欄欄微惱：「不是每個人都有爭取的勇氣啊，妳不能同理我們這種人嗎？我們就是希望老闆看在眼裡，然後用加薪的方式犒賞我們哪！為什麼勤奮工作還不夠？這年頭除了辛勤工作，我們還得學什麼向上管理、協商溝通嗎？太不合理了！」

我能理解欄欄的挫折和沮喪，甚至可以理解她的執著。如果這是一份正當的工作，又能讓她發揮專長，她既然沒有做錯事，為什麼要她離開？為什麼要她承受中年轉職的壓力？

我先請她想像三十五歲的兒子出現在面前，請她看著三十五歲的兒子做著同一份工作，經歷一模一樣的遭遇，堅持要給老闆一個識才惜才的機會。

欄欄責備兒子：「你怎麼不看清楚？她就是看準你不會辭職，也不會吵著要加薪，所以在占你便宜。」

人哪，往往不夠愛自己，但凡多愛自己一點，用疼愛孩子的態度來疼愛自己，都不致於吃那麼多苦。

欄欄不甘心地問：「我幫老闆幫公司做那麼多事，難道不該獲得更多錢嗎？」

我請她想像兒子當老闆，公司裡有個做了十五年的資深員工，任勞任怨，兒子有什麼感覺。

「……」欄欄張開口本來想說話，卻說不出來，過了半晌，「好危險！她請假的時候業務就停擺，要是她請長假，公司就癱瘓了，而且她做太久了，很多事情都是反射動作，要她教新人，她根本不知道怎麼傳承。」她繼續說下去：「公司一直給她同樣的薪資條件，她如果要離職或退休，公司根本不可能用同樣的條件徵到人，這不利公司發展。」

「妳覺得她有在幫公司嗎？」

「有，她有，只是……那種幫不長久……」

「那要怎麼做才算是在幫公司？」

「要跟老闆說，這不是一個人的工作量，這已經超過了一個人的負荷，他必須多請人，而且有職務代理，企業運作才會順，老闆也才不會被資深員工吃定。」

我知道欄欄不是個會拿資歷要脅老闆的人，她只是在潛意識裡替兒子著想。

不忍耐才是長遠之計

杆杆的工作環境不一樣，欄欄在臺灣中小企業工作，杆杆是在比較國際化的新公司，但她也碰到了超時工作的問題。

杆杆閒聊的過程中說最近胃不舒服，沒有生病，就是胃不舒服。

我問：「胃主吞忍，妳有沒有逼自己吞了什麼事情、什麼情緒或什麼壓力？說出來、寫出來、講出來，都是建立人我連結的方法，問題說出來了，宇宙就可以把妳需要的資源送過來，大家會開始幫妳拿主意。」

杆杆說：「有啊，我都寫在日記本裡。」

我急著說：「要『寫出來』給大家看啦！不能只寫給自己看，這個煩惱必須離開妳的腦袋，那是妳建立人我連結，取用宇宙資源的機會。」

動畫電影《腦筋急轉彎》就是在講這個道理。球賽輸了很難過，要哭出來才能得到大家的安慰和鼓勵，才會真心喜樂。

「工作量太大、人手不足、政策總是變來變去，真是無奈至極。」杆杆接著說，

「這不僅傷害了員工的身心健康，我和同事都已經快要受不了了，年輕員工更是無法獲得任何肯定或成就感。」

「你們覺得……好員工應該去接受和適應嗎？」我這樣解釋吧，「你在這個情況下繼續忍受，就算員工都忍著，最終應該公司或股東還是得承受惡果。像是決策品質不佳呀、員工流動率高、沒有經驗傳承也沒有創新，因為員工來了只能忍，沒有發揮戰力。」

杆杆聽了之後說：「對，我覺得妳說的都非常好，我就像看見了一團混亂，難以理解，我也不知道問題所在，只知道所有人都手足無措，能做的也頂多是救火。」

我問：「公司裡有沒有人可以聽妳說話？」

杆杆說有。

「那就維持溝通暢通，不要怕發牢騷，妳就想，如果連妳都沒辦法解決問題，他們也沒有更好的辦法了，但如果妳能引導他們去看見問題，就是在幫他們大忙。這局面，如果投入一些資源，能有效解決部分問題，那絕對比換人擺爛要好。他們如果是可以共事的對象，就會很願意聽妳的建議。如果不聽，那妳也已經知道這艘船快沉了呀，妳就可以為自己打算了。」

過了一個月，杆杆傳訊息跟我說：「如妳所說，這場混亂確實傷害公司營運和股東利益。高層決定出手了！大主管小主管都覺得我眼光長遠、見解犀利。」

遮醜絕對不算「助人」，就像止痛藥沒辦法治病。在宇宙這個共濟會裡，我們必須協助別人成為更好的人。

我們往往覺得自己很渺小，誤以為自己對這世界沒有太大的影響力，但其實我們一直在透過「錢」打造這個世界。

每一張鈔票就像選票一樣，我們透過鈔票在選餐廳、選商店，每隔一陣子，我們會看到一些商店因為被消費者淘汰而消失在街頭，也會看到一些餐廳因為受消費者青睞而加開門市，我們透過消費影響了街景和市容。

所謂「同舟共濟」就是這個意思！

不要再自我審查

我在面對個案和溝通工作坊學員的時候，常注意到一個現象：很多人因為替對方著想，或害怕對方討厭自己，所以會「自我審查」，這是什麼意思呢？假設他們有件事想說，但是又「預測」對方可能聽了不高興，往往就會選擇不說。

不說就是放棄溝通啦！

我通常在這時候都會好奇地問：「你會預知未來嗎？你會通靈嗎？你會讀心嗎？」如果都不會，你怎麼知道對方聽了會不高興呢？

不過，這時候個案和學員都會告訴我：「可是我的顧慮也很真實，我就是會擔心他生氣、拒絕、反對……」

是的，我們會有這些煩惱，那也是很真實的情緒，不應該被忽略，所以我們要學習和練習的是「好好說」，而不是「不說」。

這些事件來到我們的生命中，是要我們練習「把自己的訴求講清楚，也讓對方表達他的顧慮，最後找出兩全其美的方法」而不是要我們練習逃避。

為什麼我們會逃避自己的心聲，為什麼我們會自我審查呢？因為我們從小就被貼了很多標籤，有些性格明明超棒的，可以帶領我們走向豐盛，卻被大人說「這是缺點，要改掉」，結果導致自己要表現的時候，我們會立刻叫自己放棄。

曾經有一位家長問我：「兒子不喜歡被教導，喜歡挑戰規矩，還問我為什麼要遵守規矩，我以壞人受罰來舉例，他理解但是不接受，即使提醒了後果，他還是會去嘗試。怎麼辦？」

我那時候說：「我們可以活在民主社會，不繼續封建制度，出生的時候有基本人權，可以接受教育、可以擁有私人資產、可以投票選總統，這些文明的演進，都是靠罪犯。孫中山是滿清時期的通緝犯，法國大革命從巴士底監獄開始起義，美國建國就是為了不繳稅。人人都守法的話，中國人還在被大禹的後代統治，沒有民主鬥士違法辦黨外運動的話，臺灣還會繼續極權統治。原本居禮夫人沒有被提名諾貝爾獎，就因為她沒有雞雞。

小孩若喜歡挑戰權威，就栽培他幹大事吧！現在就買各種人物傳記給他看。質疑規矩，就去認識規矩，理解選舉制度和立法規則，現在的法律還有很多不夠完善的地方，包括勞權、稅務、兒少性剝削等等，阿姨期待他有朝一日進入國會，修法創造更美好的社會。」

因此，我們不要幫自己和孩子貼標籤，而是欣賞原本珍貴的特質。這些特質是我們的優點，可以成為幫助別人的有用之物。另外，也唯有不再自我審查，把你的真實心聲說出來，別人才有機會真正了解你。

豐盛練習7——天生我材必有用

現在，大家不妨想一想：

- ❖「任性」的優點是＿＿＿＿，可以幫助別人＿＿＿＿。
- ❖「沒主見」的優點是＿＿＿＿，可以幫助別人＿＿＿＿。
- ❖「太敏感、神經質」的優點是＿＿＿＿，可以幫助別人＿＿＿＿。
- ❖「死不認輸」的優點是＿＿＿＿，可以幫助別人＿＿＿＿。
- ❖「雞婆」的優點是＿＿＿＿，可以幫助別人＿＿＿＿。
- ❖ 在今天之前，我以為我的缺點是「＿＿＿＿」。
- ❖「＿＿＿＿」的優點是＿＿＿＿，可以幫助別人＿＿＿＿。

Note

——寫下你的想法，覺察自己！

08

要怎麼收穫，先那麼栽

幫助別人等於幫助自己

「當你長大時，你會發現你有兩隻手，一隻用來幫助自己，一隻用來幫助別人。想要有優美的嘴唇，就講親切的話；若想要可愛的眼睛，就看到別人的優點；若想要有苗條的身材，把你的食物分給飢餓的人；若想要優雅的姿態，走路要記得行人不只你一個。」

——奧黛麗．赫本

我曾經分享過這個故事：

有個老師帶了很多氣球到學校，請學生寫上名字之後充氣。他們把所有的氣球放到走廊上，老師把所有的氣球混在一起，然後給同學五分鐘的時間找到自己的氣球。

小朋友狂亂地到處找都找不到，忙得滿頭大汗，五分鐘過了，沒有人找到自己的氣球。

老師這時請他們拿起腳邊的氣球，上面寫什麼名字就拿給那個同學，兩分鐘之內，每個人手上都有氣球了。

老師說：「氣球就是幸福快樂，如果每個人都在尋找自己的幸福快樂，沒有人找得到。如果大家都在乎別人，每個人都會擁有。」

這故事就說明了共濟的道理：**當你助人成功，你就能加速成功**。

在職場共濟，道理更簡單：先想想你和誰同舟，要和誰共濟，然後協助他們得到你想要的東西。

所以，當你想要更多錢，你就協助你的業力夥伴得到錢；當你想要更多時間，你就協助你的業力夥伴得到時間；當你想要更快樂，你就協助你的業力夥伴過得更快樂。

我自己實驗過了，回報真的很豐厚。

你的業力夥伴

你的共濟會成員通常有誰呢？《當和尚遇見鑽石》系列書作者麥可・羅格西

(Geshe Michael Roach)在《善用業力法則，創造富足人生》[13]認為，我們有四類業力夥伴，分別是同事、顧客、供應商、世界。

你不妨拿出一本筆記本，在筆記本上挪出四頁，在頁面最上方分別寫下同事、顧客、供應商、世界。接下來，你要在每一頁分別寫下：你的同事有誰、顧客有誰、供應商有誰、世界包括了誰。

同事就是和你一起提供產品和服務的人，包括你的上司、團隊成員和下屬。你們可能一起賣早餐、開發軟體、經營服飾店或補習班。

顧客會獲得你的產品或服務，也就是跟你買早餐、買軟體、買衣服的人，或是補習班的學生和家長。

供應商是是讓你能提供產品或服務的人，譬如說吐司、雞蛋的供應商、作業系統與API、教材的供應商，幫你架設網站的人等等。

世界就是這個世界，譬如說你的社區、你的產業、你的市場。

這四類對象都寫出來之後，再寫出他們可以透過你得到什麼樣的成功。

以早餐店來說，你可以提醒同事找時間休息、多喝水、抽空坐著歇腿。你可以給顧客更健康的早餐，降低他們的膽固醇。你可以給供應商更多利潤，去選擇更優質的食材。前三類我覺得大家很好發揮，但「世界」呢？

如果你在早餐店工作，你願意送餐給附近的清貧學童或獨居老人嗎？

如果你在服飾業工作，你願意抵制快時尚造成的污染和浪費嗎？

如果你在補教業工作，你願意改變家長對競爭的態度、激起學生對學習的熱情嗎？

如果你是全職媽媽，你可以採取哪些行動來照顧家庭、關心社會、服務社區？

接下來，請你每天在工作之前想一下，你今天要為這四組對象做一件事，那是什麼？

13 麥可．羅區格西，《當和尚遇到鑽石2：善用業力法則，創造富足人生》（*Karmic Management: What Goes Around Comes Around in Your Business and Your Life*），橡樹林，2009。

你做的這件事，你提供給他們的服務，將會協助他們成為更好的人。你想為他們做什麼？

這其實是個很像腦筋急轉彎的問題。我們之前說過了，自己想要什麼就要幫助別人得到那樣東西。所以，當我們在思考著「要想為他們做什麼？」的時候，其實可以反過來想「我要的是什麼？」

停止忽略別人的想法

很像繞口令嗎？我來說明一下，麥可．羅區格西在《愛的業力法則》裡面提過類似的狀況，作者說：「如果你想要別人採納你的意見，那麼因果業力法則說要怎麼收成就怎麼栽，對吧，所以我們要做的第一件事就是停止忽略別人的想法。」

也就是說，若你常常覺得別人都不聽你的話，你想要別人聽你的話，那你今天在工作之前可以設定目標：我要好好聽別人說話。

麥可．羅區格西接著在書中說，在這裡有個放大訣。

如果我們希望別人採納我們的意見，我們不但要向別人徵求意見，也不只是要審慎考慮他們的意見，而且在採納當中最好的意見之後，我們要確保這個功勞落在那人身上。

我們大家其實都會抗拒這個過程。因為我們對於自己的人生要怎麼做，哪些事情要做、哪些事情不做，都有自己的一套邏輯。很可能，別人給我們的意見，我們已經考慮過了，也認為這些意見不管用。但也有一些意見，我們之所以迴避，是因為不想費事去處理，或不想費神去考慮，如果我們真的想讓別人採納我們的意見，我們就要承認，我們曾經因為自己狹隘的邏輯否定了一些意見，或是過去曾經迴避了一些好意見。

當別人提出不同的意見，你不必全盤接受。只要我們試著把對方的意見融入原本的計畫裡，或試著和對方合作，讓他也參與這個決策和執行的過程，這就是一種接納。最後，當這個意見奏效，請把功勞都歸給對方，所有的付出都會回報七倍，將來你的意見不但會被接納、還會有七倍的成效。

同樣的道理，如果你不希望被客戶殺價，那就不要對供應商殺價。你如果不希望被員工敷衍，那就不要敷衍客戶。

教孩子反洗腦長輩

我有一個很極端的例子：元元問我公婆的教養觀念和自己不一致，怎麼辦？元元說她的兒子兩歲半，這陣子又開始咬人，「在他更小的時候，他咬人時，我曾情急之下輕彈他的牙齒警告他不行這樣做。但後來真的深深反省不能這樣，所以現在都改為跟他講道理，一邊抱著他一邊告訴他跟別人玩只能用手輕輕摸，如果吵架吵不贏要去找大人，嘴巴是吃東西用的，可以用嘴巴去靠近別人嗎？孩子會回答說不行。

但孩子的阿公是豬隊友，以前就是阿公會跟他玩什麼嘴巴碰身體的遊戲，還小的時候玩得太嗨咬下去，阿公也笑得很開心不阻止，孩子就以為這是玩遊戲。花了很長時間跟阿公溝通不能和孩子這樣玩，孩子會搞不清楚，所以兒子開心或吵架都會去咬別人。

狀況緩解一陣子又開始，昨晚阿公聽到孩子又咬人，在我幫小孩洗澡擦身體的時候，就問他說『來呀！給你咬啊！可以咬嗎？來咬啊！』然後一直伸手指到小孩嘴邊，小孩笑得超開心當作阿公在跟他玩。我聽到整個爆走了，直接開嗆阿公說這樣的行為小孩就會以為是遊戲，根本聽不懂你講反話的意思。

阿公氣起來也大聲了，說小孩就是要『嚇驚』才會怕，才會知道不能做，阿公就『嚇驚』他說再咬人就會拔掉他的牙齒，阿公說我們夫妻都不打不罵，小孩根本就學不乖。」

我聽完之後建議：兩歲半我覺得可以反洗腦了，妳試試看，我有和一些公關公司合作，他們到小學去教小朋友一些飲食知識，讓他們回去反洗腦長輩說「這樣會糖尿病」、「這樣要洗腎」。

人家都願意砸個幾百萬做這種衛教了，表示反洗腦一定可行。像菸害防治的反洗腦或護肝大使，小朋友都很厲害。

所以妳就封妳兒子為某某小偵探，然後說：「你要幫忙調查，世界上有沒有怪老頭」、或是客氣一點說：「你要幫忙調查，有沒有騙小孩做壞事的老人。」「像是小孩明明不能咬人對不對，可是有一種怪老頭就偏偏要小孩咬，然後再看小孩被處罰耶，他們很奇怪。」、「你要忍住，不管他們怎麼騙你，你都要揭發這種行為」、「你可以做到嗎？你會不會變成小壞蛋？唉唷，我覺得你可能年紀太小了耶，這任務交給姐姐好了」小孩聽了一定搶著報名。

小孩一提起興趣，妳就接著說「就這禮拜啊，你都要注意哦，他們平常可能都很正常，可是就會突然試探你。」、「看你會不會傻傻地聽他們的話，變成小壞蛋。」總之，就是接納他，接納他是怪老頭，不可逆不可改，然後告訴孩子「你只要沒有變成小壞蛋，你就更懂得照顧自己、更愛自己了、更能知道對錯了。」

也可以說：「很多小學生都會說『你打啊！你打啊！』挑釁別人，那就是他們都沒有參加過小偵探訓練營，沒有通過考驗。」

小孩學會拒絕阿公挑釁之後，就可以謝謝阿公教孩子明辨是非，請小孩跟阿公說「我知道你是故意演反派啦，我現在不會咬人了。」這樣也不致於分化或挑撥祖孫關係。

這不就是《愛的業力法則》說的嗎？當別人提出不同的意見，你不必全盤接受。只要我們試著把對方的意見融入原本的計畫裡，或試著和對方合作，讓他也參與這個決策和執行的過程，這就是一種接納。

豐盛練習8——找到你的業力夥伴

- ❖ 列出你的四種業力夥伴。
- ❖ 己所欲，施於人：寫出你想要發生在自己身上的事，然後想一下，你要怎麼為四種業力夥伴實現這件事。
- ❖ 己所不欲，勿施於人：寫出三件你不希望發生在自己身上的事，然後想一下，你可以從日常生活中減少哪些行為和舉動，來避免業力反彈。

Note

——寫下你的想法，覺察自己！

09

出航的準備

你的航海之路

許多人在做完上一章〈08 要怎麼收穫，先那麼栽〉文末的豐盛練習後，會盤點自己的業力夥伴感到躊躇地說：「憑什麼我要對他好？」或是「我現在看著他們的名字，沒有很想跟他們同舟了耶……」

這都是非常好的覺察！

生而為人，我們最寶貴的資產就是時間。只有時間是一旦用了就再也拿不回來，只有時間賺不到。愈早覺醒就能有愈多時間去創造專屬於自己的體驗。

我在矽谷創業時最寶貴的收穫就是航海的比喻：創業者對未來世界有個明確的想像，為了抵達那個未來，因此設定了遠程目標——這個目標就是「北極星」。創業過程中難免被各種接踵而來的好事、壞事、瑣事、難事搞得暈頭轉向，這時候只要抬頭看著北極星，就能繼續朝正確的方向前進。

經常和創業家聚會、互動之後，我發現每個創業家的宇宙都有個寶藏島，有些人可能是得到前輩、長輩傳承的藏寶圖；有些人是從職場生活中累積線索，自行繪製藏寶圖；也有些人是靈感直覺特別敏銳，連在沙灘散步都能看到海浪送來的藏寶圖。

創業家剛啟程的時候多半開著小船（別羨慕其他人含著金湯匙，第一次駕船就能把麗星郵輪駛到目的地是天方夜譚），一邊划船一邊捕魚、撈珍珠，到了港口就可以用漁獲去向投資人證明你是個可靠的船長。有了資金挹注就能雇用船員，接下來船員負責讓小船前進，船長負責看天象、看海象；一步一步做出成績後，再漸漸換大船、徵得更多夥伴。

我常說，像我這樣負責說故事的人是火砲，一開始不必馬上登船，但是沒有軍火彈藥就沒辦法和敵船拉開距離。企劃書上看起來，創業好像可以線性發展，但實際上，古今中外從來沒有任何事業可以直接從起點抵達終點的。在這個過程中，有漩渦、有暗礁、也有迷惑水手的美人魚，千驚萬險。

船長呢，在甲板上看起來威風，在船艙裡的角色就是個馬桶，每天在吃屎，就看哪個船長可以沖得比較有效率、哪艘船就比較容易抵達目的地。

以上比喻出自我寫在《矽谷天王彼得．提爾從0到1的致勝思考》[14]這本書的推薦序。這個比喻不只能描述創業過程，也完全可以運用在我們的日常生活中。就如同作者托瑪斯．拉普德（Thomas Rappold）所說：「創辦一個偉大的公司不容易，也不是不可能，而是介於兩者之間。創業真的很難，但可行。」

我們在人生中通常是從小船開始啟航，過程中可能會漸漸換成大船和愈來愈多人互動、相依，但有時候我們也會發現大船的笨重，決定換成輕艇。每一段航線都不是直線，但每一段航線不論是平順或顛簸都能讓我們有所收穫。船上的人員也會隨著任務變化或他們自己的人生規劃而有上有下，有來有去。

巧的是，我後來的另一本譯作《鏡與窗談判課：哥大教授、聯合國談判專家，教你用10個問題談成任何事》[15]裡面，這位聯合國談判專家愛麗珊德拉．卡特（Alexandra Carter）也用「航海」來比喻每一段人際關係，其中我最喜歡的妙喻是：「如果我們不掌舵了會怎麼樣？我們還是會動，但或許就不是朝著我們要的方向了。外力如風向和潮流或把我們帶走。」、「你不能閉上眼睛、耳朵，還期望自己能順利抵達目的地。你需要觀察海浪，感覺風向。你看到、聽到、感覺到的一切都會幫你精準地朝目標前進。」

總結我的各種觀察後，我明白：我們生活在宇宙這個龐大的共濟會裡，我所搭乘的船舶就是屬於自己的共濟單位。**我們在時間用完之前，壽命結束之前要做的事就是盡可能創造、增加人生的體驗。在這過程中，我們隨時可取用宇宙無盡的資源**。獨行的時候可以捕魚、採珍珠或甚至撿拾海帶曬乾當昆布，遇見其他船隻的時候可以交換資訊，遇到港口的時候可以交換資源。

14 托瑪斯．拉普德，《矽谷天王彼得．提爾從0到1的致勝思考：從臉書、PayPal到Palantir，他如何翻轉世界？》（*Peter Thiel: Facebook, PayPal, Palantir – Wie Peter Thiel die Welt revolutioniert – Die Biografie*），先覺，2020。

15 愛麗珊德拉．卡特，《鏡與窗談判課：哥大教授、聯合國談判專家，教你用10個問題談成任何事》（*Ask for More: 10 Questions to Negotiate Anything*），先覺，2022。

對內，面對自己的時候，我們要「不枉此生」或「不虛此行」；對外，面對他人的時候，我們行有餘力之時，要幫助別人成為更好的人。

只要符合這兩個條件，我們的生活就會愈來愈豐盛，逐漸順風順水。

沒有符合這兩個條件的話，當我們沒有好好面對自己，我們會虛耗燃料、漫無目的地空轉，甚至成為別人的工具。當我們自己都還沒有辦法平衡就想助人，很可能會翻覆，或者當我們有餘力卻不願助人，可能會錯失良機、得到錯誤資訊或在翻覆的時候無法獲救。

有錢的起點

在這個「同舟共濟」的比喻裡，大家往往聽到終點的寶藏就心動不已，而忽略了一個很重要的關鍵：啟航時是一艘獨木舟。

我們自己才是那個一直不離不棄、一直同舟共行的船員。在航程的最開始，我們就要練習手腦協調、心力一致。有些人一心想著要有很多錢，要財富自由，但是身體卻一直為別人做牛做馬，大家覺得這條小船會開去哪裡呢？

我們在冥想的過程中就是在鍛鍊自己的身心合一，利用每天陪伴自己獨處的時間，來盤點自己在做的事情有沒有符合目標、有沒有偏離航道。

但是有太多人都搞錯順序了，他們聽到稻盛和夫的名言：「錢不是賺來的，錢是幫助別人之後得到的回報。」就開始想要幫助別人、服務別人。但大家可以想像一下，一個技術沒有很純熟、路線沒有很了解的船夫很急著想要揪人上船，渡他們到下一座島的時候，這船人會發生什麼事呢？就算是抵達了，過程中也有很多焦慮與不安吧？

所以，我們在啟航的時候都要先照顧好自己，我們前面花了那麼多篇幅在講限制信念，就是希望能好好開船，不要載一大堆封建時代的價值包袱，也不要一直遵照別人的指示或遺願來行駛。

我覺得「船長在甲板很威風，但是在船艙內就是馬桶，一直吃屎，就看自己能不能沖得比較有效率。」這個比喻非常貼切。我們每天在現實世界裡，確實很容易累積壓力，然後變成煩惱或脾氣。我們滿腹牢騷或滿腹委屈，就像是滿肚子大便出不去一樣，在心裡便祕了，很難受。

航海的比喻裡，最重要的意象是「流」，不只環境裡有海流，資訊、資源、人員也都要流動，財富才會流通。《我們為什麼要賺錢？為什麼要存錢？》[16]裡面說：「錢是社會的血液。錢很重要。但是，如果每個人都將錢存起來不用，那麼社會的各個環節就無法順利的運轉。就好比人的身體如果沒有血液循環，人就會死亡。相對的，世上的錢如果沒有流通，社會也會變得蕭條。因此，也有人認為錢就像社會的血液一樣，想要社會變得繁榮，我們就必須讓錢流通於社會。」

順著這個脈絡，大家可以理解「流通」對我們有多重要。如果煩心事一來，我們就開始累積壓力，進入防備狀態，關閉大腦的高階皮質功能，這時候只求生存，不求體驗和寶藏，就會變得很聽話，決定棄船去當別人的水手了。然而時間又是人生中最寶貴的資產，只要上了別人的船，這些時間就拿不回來，最終就算領了水手的薪餉，抵達別人的終點時，自己只感覺遺憾。

我兒子開心果在兩歲的時候被便祕困擾了七個月，在這過程中，我們除了看醫生、吃藥，我也買了很多腸胃相關的繪本和他一起看，讓他更清楚為什麼我們要一直鼓勵他吃益生菌、喝水，有時候也喝油來潤腸。

便祕就是太多廢物堆積在肚子裡，而且愈堆會愈難排出來，我也很納悶，小腸和大腸明明有很多空間，也不致於被大便塞滿，可是如果我兒子兩天沒有順利排便，他就吃不太下了，我們可以很明顯觀察到他食慾下降。

他會餓，但是吃不下。

其實機緣、機運、機會也是這樣的。如果煩心的事給了你很多情緒包袱且排解困難時，即使這時候有好的機會、新的機運也進不來。我們會餓，會想要吸收寶貴的資訊、把握難得的機緣，偏偏就是收不到。

因此，照顧自己很重要，除了前面介紹過的兩倍吐納法之外，我也常常趁洗手、沐浴的時候進行水冥想。

---

16 池上彰，《我們為什麼要賺錢？為什麼要存錢？：運用財富改變未來，了解世界與自己的金錢理財課》（僕らの未来が変わる　お金と生き方の教室），采實文化，2024。

豐盛練習9——吸引高頻、高能量

我會利用洗手、沐浴的時候，對自己說：

「能量包袱都被水帶走了，財務煩惱都被水帶走了。所有不如意的、麻煩的、我不喜歡的都被水帶走了。」

然後在離開洗手間或浴室的時候說：

「現在的我潔淨閃亮，錢都等不及要衝過來了。現在的我潔淨閃亮，擁有創造財富的爆發力。」

能把自己照顧好了，懂得為自己排泄、充電、養血條之後，接下來就是要慎選旅伴了。

豐盛冥想的力量

自從我開了豐盛冥想社團之後，滿多人都會私訊我，告訴我他們練習冥想以後的改變，例如：「到了第八天，我先生竟然拿了十三萬的紅包回家，跟我說公司發獎金了，這是我完全沒料到的收入」或是「原本有個學生讓我教得很累，家長也難搞，我想到那天有他的課我都提不起勁來，結果我做豐盛冥想到第二週時，他們就說要找其他老師，我的時間空出來之後，竟然馬上有更好的家長用更高的時薪請我上課」。

最厲害的故事是，我在二〇二〇年十一月十二日分享了《從負債2000萬到心想事成每一天》[17]這本書，三天之後，我朋友說他原本那個月業績目標是15萬，他

17 小池浩，《從負債2000萬到心想事成每一天：15個實現願望的口頭禪，符合宇宙法則、越說越好運！》（借金2000万円を抱えた僕にドSの宇宙さんが教えてくれた超うまくいく口ぐせ＋借金2000万円を抱えた僕にドSの宇宙さんがあえて教えなかったとんでもないこの世のカラクリ），李茲文化，2020。

看到我的讀書心得就立刻去買一本書，然後當天練習，過了一個週末，業績就超過50萬，達標三倍，正往四倍邁進！他說他就是週末照書操作，每小時提醒自己唸一遍「讚啦，我的願望就要實現了」，然後耳中就會聽到錢掉下來的聲音。

我後來就理解創社團的用意了，因為有這個社團，所以我會一直收到豐盛的資訊，一直接收到大家報喜的頻率。

我身邊已經沒有低頻的人了，願意和我互動、相處的人都是渴望美好生活而且有執行力可以實踐計畫、完成目標的人。我偶爾接受採訪，會被問到：「為什麼妳有勇氣創業？妳還去美國創業，而且妳沒有科技背景還創立科技公司？」、「可不可以給大家一些建議，如果他們想完成夢想，可是身邊有很多人唱衰他們怎麼辦？」

我現在都覺得，啊，那離我好遙遠哦，這種會發射負能量的人已經不在我的生活圈、交際圈裡了。

我在那些創業講座裡面，最不喜歡碰到一種人，就是他們問我：「妳以前是怎麼跨出第一步的？」然後我就講了我是怎麼辦到的，還有我身邊的創業家是怎麼辦到的，然後他們就會接著說：「可是我朋友說創業風險很高怎樣怎樣，可是我鄰居說創業以後顧不到小孩怎樣怎樣，可是誰說怎樣怎樣」。

然後我就會好想拿大聲公對著他們的耳道喊說：「你現在是要請你朋友和鄰居教你怎麼過你的人生嗎？」

還是你要和我一樣，身邊很多總裁和執行長，大家討論的是怎麼把事業做大、怎麼雇用更多人才、怎麼為消費者創造更多價值？然後因為我們做了這些對的事，宇宙用金錢回饋我們，所以我們可以用錢去開創更舒服的生活。

你要和哪種人相處，和哪種人交流，耳濡目染地接受哪種人生觀、價值觀，這都是一念之間就可以決定的。

所以，我們要學會遠離負能量吸血鬼。但我們要做的不是辨識他們之後去批判吸血鬼或改變吸血鬼，因為你怎麼對別人，別人就會怎麼對待你。尤其在你的社交圈都很低頻的時候，所以我們今天要練習的是好好對待他們，但是自然地漸行漸遠。

遠離能量吸血鬼

這是我向禪師丹達帕尼（Dandapani）學的，他是一位入世的僧侶，也是一位正念和靜心的老師。他說當你碰到負能量吸血鬼，做好的策略就是如實表達。首先我們先來了解一下怎麼辨識「誰是負能量吸血鬼」。

我們平時會遇到的人大概可以分成三類：能量偏高的人、能量持平的人和能量偏低的人。

他們有什麼差別呢？

能量偏高的人會在你們交談之後讓你覺得心情很好，而且你會覺得剛剛那段對話很不錯。能量持平的人會讓你在交談之後感覺情緒和剛剛一樣。而能量偏低的人會讓你在交談之後覺得「哦，天啊，我覺得好累。」

我們日常生活中應該這三種人都遇過，而能量偏低的人還可以分成暫時低落或永遠低落。

能量暫時低落的人，可能只是這陣子遭遇逆境，或許是他的家人剛確定罹癌，很消耗他的能量，一時之間無法振作。沒關係，遇到了就陪他聊聊，行有餘力就互相支持。

能量永遠低落的人，就算聽到別人幫他打氣，也會立刻切回自己的觀點，覺得這世界很不公平、覺得自己總是遇不到機會，他們說來說去都是在抱怨。

一旦辨識出能量永遠低落的人，最好保持距離，但如果路上遇到了怎麼辦？轉頭就走不但沒有禮貌，而且是在練習逃避。他的出現就是人生給了我們一個劃清人我界線、維護自身能量的機會，不要浪費這次練習的機會。

通常你巧遇不熟的人，第一句話會說什麼，是不是「最近好嗎」、「吃過飯了嗎」？

但你真心想知道答案嗎？我在「掌舵工作坊」時跟大家說你感覺兩人沒有共識的時候不要問對方「為什麼」，譬如：你為什麼不做作業或是為什麼不做家事？你不會得到你要的答案，你永遠只會得到對方的理由和藉口，那何必問？

同樣的，如果你不是真心想知道答案，就不要昧著真心去問候對方，如實表達要做的就是如實接納你的感受。

你如果不在乎他最近過得好不好，就不要問他「最近好嗎？」事實就是你不在乎。他如果問我最近好不好，我可以回答，但我不會問。我會說「今天天氣不錯哦」或是「今天市場很熱鬧哦」，然後接著說「我還有很重要的事情要做」，這是實話啊。

你的人生很有限，你的時間很寶貴，你不管要放空、要發呆，要自己悠閒地喝杯咖啡，這對你來說都是很重要的事，和他閒話家常沒有比較重要，對吧？

接下來第三句話呢？請不要口是心非地說「再見」或是「很高興遇見你」，你不想再見，你也沒有很高興遇見他，對吧？

不要製造機會讓自己一直遇到能量低落的人，所以第三句話你可以說「祝你有個美好的一天」，這是真的，就算他是能量吸血鬼，你還是可以祝他有個美好的一天，同時護持你自己的時間與生命。

現實世界裡這麼做，網路世界裡我也這麼做。

只要是發文永遠都在發牢騷的人，我都全部取消追蹤了，我們還是臉友，只是他的文章我不會主動看到了，可能我們共同朋友去留言的話我還是會看到，但頻率大幅降低了。

然後我去追蹤我喜歡的作家、講者和企業家，這樣一來我就算是在滑手機看影片，我也是在和有智慧、有歷練的人互動，我也是在進化。

你是你身邊五個人的平均，最常和你互動的那五個人，平均每週花多少時間追劇，你花在影劇上的時間也差不多；這五個人平均每個月看幾本書，你閱讀的進度也差不多；這五個人平均每天花多少時間數落家人，你也差不多。這五個人的平均收入多少、開銷多少，你也差不多。

所以旅伴要慎選，如果他們每天都在感激生活中的人事物，你也很容易看到你「有」的和你能「給予、付出」的部份。如果他們充滿好奇、經常吸收新知、願意嘗試也願意分享經驗，那麼這個生活圈就很開闊，資訊很暢通。（有些旅伴不是你選的，是他們堅持要搭你的船，我們留待下一章〈10 解除靈魂契約〉來詳述。）

為自己領航

你上了自己的船，也清除了限制信念，決心好好當人，創造此生的體驗，拒絕成為工具人。這時候很多人的困擾是：「我不知道或我不確定要從事什麼工作，怎麼辦？」有許多個案來進行潛意識溝通，是因為他們「很迷惘」。

世界的教育部長肯・羅賓遜爵士（Sir Ken Robinson）給出的答案就是「讓天賦自由」，很多人看到這邊或以前的我聽到這種答案也會覺得：「啊，這唬爛的啦，又在講天賦啊、熱情啊，我是想知道要做哪一行呀！」

可是，我後來在口譯、創業時都看到太多證據了，再賺錢的產業裡都有人倒閉、再夕陽的產業裡都有人發財。世界上沒有絕對賺錢的行業，而且矽谷創投還常常說「我們評估投資案的時候最重要的因素還是『看人』。」為何會這樣呢？

肯・羅賓遜爵士生前有兩大提倡，一是讓天賦自由、二是改造學校體制。我腦中沒有比他更反「傳統學校」的教育人士了。前面在〈03 把自己活成勞動力〉那一章，我已經說過工業革命後發展的基礎教育，是如何將人力定義為生產力，把人當作小螺絲釘。

當我們覺醒，不想再繼續當工具人，《富爸爸，富女人：女人就是要有錢》[18]的作者金・清崎（Kim Kiyosaki）在採訪中說：「你觀察學校，就會發現什麼都反了，學校教的跟真實世界裡的成功之道完全相反：要學生不犯錯；要學生聽話照做；考試的時候要靠自己、不能合作；只有一個正確答案。」事實上，「真實世界裡每個問題都有好多種答案，但你完成學業之後卻變得很害怕犯錯，你什麼都自己來，不知道怎麼合作，而且你以為只有一個正確答案，每個人都想知道正確答案。」

我們之所以那麼不確定自己該做什麼，我們之所以那麼不了解自己的天賦——

18 金・清崎，《富爸爸，富女人：女人就是要有錢》（*RICH WOMAN: A Book on Investing for Women - Because I Hate Being Told What to Do!*），高寶，2009。

肯・羅賓遜爵士在「學校扼殺了創意嗎？」這場演講裡說：「我認為，每個孩子的身上都蘊含著巨大的才能，卻被成人無情地磨滅了。」

《讓天賦自由》這本書中有兩個感人的故事，我太常引述到已經背起來了。有個小女孩上課坐不住，非得動來動去，也會忍不住在上課時起身走來走去，老師跟媽媽說她有問題，要媽媽帶她去篩檢與鑑定。

媽媽帶女兒去醫院做評估，醫生跟她們母女聊一陣子之後，跟媽媽說：「我們到隔壁去討論。」

醫師離開診間前打開了收音機，請小孩在診間等他們，但醫生走出去之後沒有去隔壁，而是要媽媽從門外看女兒隨著收音機傳出的音樂搖擺，醫生告訴媽媽：「她不是病人，她是舞者。」

醫生的處方就是「讓她轉學去舞蹈學校」，這個小女孩一到那邊就知道「這才是我該來的地方」，她說「這裡的學生上課不坐著，我們站著學習、我們蹲著學習、我們邊跳動邊學習。」

「前途曾經充滿危機的小女孩吉莉安，最後成為享譽全球的吉莉安・林恩（Gillian Lynne）。她是極負盛名的當代編舞家，曾為無數人帶來歡樂，也為自己累積了財富。」

肯・羅賓遜爵士在書中寫下：「她只是需要展現真正的自我。」

另一則真實故事是美國奧運金牌體操選手巴特・康納（Bart Conner），他從小就喜歡用手撐在地上走路，還可以頭下腳上用手走樓梯，他媽媽觀察到他這樣的才能，鼓勵他去練體操，換做別的父母可能就阻止巴特玩這種無厘頭遊戲，要他趕快去做功課。

我們之所以不認識自己的天賦，是因為「傳統學校」是現代政府因應工業化趨勢，為了發展成工業強國所以用稅收來「育才」、「選才」的工具。在這種環境裡，標準很單一，而且學校只負責栽培工具人，從實驗室裡的科學家、廠房裡的作業員

19 盧克・德沃夫，布蘭希爾德・博姆斯，《發現天賦，到哪都能閃閃發光》（*Iedereen talent!*），未來出版，2024。

到垃圾場的清潔工，全部都是工具人。

所以我們不能用過去求學的經驗來辨認自己的天賦。

《發現天賦，到哪都能閃閃發光》[19]裡有一間不一樣的小學，校長觀察孩子天賦的方式，就是看他們度假時和睡前在做什麼。

有的孩子在睡前想著明天要如何避免遲到、有的孩子在睡前寫卡片關心同學、有的孩子在睡前讀書、有的孩子在睡前逛購物網站。這和天賦有什麼關係呢？

攝影記者觀察學校運動會時說：「這裡肯定能看到同學發揮天賦。說不定未來的奧運冠軍就在這裡！」

結果校長說：「接下來我要說的話可能要讓你們失望了。天賦不代表在某個領域做到最好，或是表現特別突出，而是在於它帶給你的感覺。」

我看到這句話的時候，有種大腦被劇烈撼動的刺激。我原本不想寫到天賦，因為各種書籍和研究對於天賦的爭論已經太多了，有些書說要追隨熱情，有些書說不能追隨熱情，熱情會熄滅。有些作者說要做喜歡的事，但又說你在做喜歡的事情不免會碰到很多你不喜歡的雜事。我懂，我知道那眾說紛紜、暈頭轉向的感覺。

天賦不是指一件事，不是烹飪、演奏或實驗，天賦指的是一種「體感」。就像航海的時候，北極星可以指引方向、可以領航，但不代表我們要駛向北極星，而是要能看得到北極星。

太多人誤以為天賦是某個活動或某個科目，因此在選擇的時候變得過分小心翼翼，深怕自己走錯行，埋沒了天賦，或是一直做一邊懷疑自己是不是錯過了天賦，結果生活變得很迷惘。

肯・羅賓遜爵士說讓我們樂在其中的活動會一直變化，或許你原本喜歡的是音樂，過幾年之後你喜歡的是服裝。《*Building the Bridge As You Walk On It*》的作者羅伯特・奎恩（Robert Quinn）則說他每次難過沮喪就重寫人生宣言。如果我們持續誤以為自己的天賦是某一個活動，我們就會忍不住以為「天賦是什麼？」有正確答案，而且只有一個正確答案。再根據充滿限制信念的時間觀，我們就會想要提早找出天賦，花時間去發展天賦，靠這項天賦去創造成功與財富。

其實，天賦是一種「體感」，一種可能出現在很多場合的體感，只要這種感覺出現了，就表示你在跟著人生的順流前進，表示你受到了天賦指引，朝對的方向發展。

順流的感覺就是：體感失真。

大家不妨回想看看，你有沒有過時間感錯亂的經驗？？當別人提醒你已經過了一兩個小時，你才發現自己很投入，你還以為只過了十五分鐘左右？你有沒有過飢餓感錯亂？等你把手上的事情做完，終於餓了才發現街上的餐廳幾乎都打烊了？成就感也是另一個好例子，有時候我們不太需要別人鼓勵，就會想要往上挑戰。就算沒把事情做好，你在乎的不是別人的失望，而是自己有沒有找到對的資訊、工具、線索。

這些失真的體感就是在表示你正在活出自己的人生，正在把血條愈養愈長，所以會愈來愈有活力，被消耗掉的只是體力，靠飲食、休息就能補充。

人生朝錯的方向發展時也會體感失真，這很容易察覺。如果你在做的事情讓你感覺度日如年，每個小時都好像五個小時那麼漫長；明明不怎麼餓，但是一直找零食或飲料來解饞；明明工作不會很耗費體力，但是下班的時候卻感覺非常疲倦，這也是另一種體感失真；就算表現很好得到肯定和讚賞，也覺得對方只是客氣、有禮貌而已。

在你能回想起體感失真的經驗之後，去注意一下那個活動裡，是什麼行動讓你很投入。不是游泳、簡報或逛街這樣的活動，然後斷定你的天賦是游泳或逛街。天賦不是指那個活動，而是你在從事這個活動的過程中，有個行動讓你特別投入，這個行動也可以出現在其他活動中，

譬如說：糾錯，有些人在逛街的時候特別容易注意到衣服的縫線是否工整，鈕扣有沒有鬆脫，花紋有沒有對齊。那麼，糾錯可能就是你的天賦，你能察覺別人沒注意到的問題，你也會期待一切正確無誤，看到可以改善的地方會想要處理。這種天賦可以應用於文武百業，沒有限制！

有些人在逛街的時候特別喜歡問問題，或許是同樣的款式為什麼Zara臺北店有賣，但是東京店沒賣？為什麼不同的百貨公司會有不同的動線？充滿好奇心的人喜歡這種有趣的發現，在任何小地方都能搜集資訊。

有些人在逛街的時候超像行動計算機，在時裝樓層要用這張信用卡可以拿到滿額禮，到了家電樓層則要換另一張信用卡才有分期優惠。某些商品要等到週年慶再出手，某些商品則預購結束就缺貨了。規劃型的人才喜歡組織和計畫，擅長安排順序，能夠找出最佳解方。

而你呢？想想你的天賦是什麼？

豐盛練習10——找到你的天賦

你有沒有曾經在規劃行程的時候，或是搜集資訊的時候，或是檢查錯誤的時候感覺時間過得好快、感覺自己都不會累、感覺愈做愈上手？還有哪些行動給過你這種感覺？

這就是你的北極星，讓我們練習，每天都做一件讓自己體感失真的事，每天都能看到北極星！

感激就是不用花錢且用不完的燃料

前迪士尼世界度假村執行副總裁李．科克雷爾（Lee Cockerell）回憶起他在芝加哥萬豪酒店擔任餐飲總監時，有一位實力堅強的宴會經理艾迪．陶范尼亞（Eddie Towfighnia）擔任他的左右手。那時業務繁忙，或許一層樓有兩千人的宴會，另一層樓有五千人的活動，但整間旅館都還能維持雅緻。艾迪能讓每場宴會都順利且準時進行，讓多達四百名服務生都高效、有序。

有一天晚上，當科克雷爾看著兩場大型宴會的客人湧入飯店，忽然意識到艾迪功不可沒，於是他寫了一封信給艾迪，讚揚他的能力，表示自己非常倚重他，還在信中強調「哪天你要是想離開，請先來找我談談。」

幾個月後，李．科克雷爾和妻子到艾迪家作客，一進到玄關，就發現那封信被裝裱起來掛在門口最顯眼的位置。科克雷爾說他剛開始覺得驚訝又尷尬，但後來就明白這封信對他有多麼重要。

從那天開始，科克雷爾都會明確且清楚地向員工表示感激。

在他管理五萬九千名員工的過程中，「感謝、認同、鼓勵」就是不用花錢而且用不完的燃料。李．科克雷爾說：「這比推動太空梭的燃料更強大，因為感謝、認同、鼓勵給人能量和動力，而且這和化石燃料不同，完全可再生，取之不盡用之不竭。」

李．科克雷爾在演講的時候問大家，「你有過『天啊，我受不了這麼多感謝、認同和鼓勵』嗎？你曾經心想著『不要再給我感謝、認同和鼓勵』了嗎？應該沒有吧。」

其實，我當時心中覺得「有」，在我成長的過程中，表達感謝和接受感謝都不是很自然的事情。即便是我在修習豐盛冥想的時候，在寫感恩日記的時候，我的大腦都已經非常肯定感恩的價值了，我還是會被「無功不受祿」的限制信念影響。

我還記得我剛開始有意識地訓練自己凡事感激時，有一天，我媽倒了一杯水給我，平常我可能都說「好」，但那天我說「謝謝」，我媽還反問我：「現在那麼生疏、見外了嗎？」我楞了一下，我媽接著說：「跟外人才道謝。」

真正讓我下定決心，不管自己多麼彆扭，都要把感謝說出來，還是跟開心果有關。我在懷開心果的時候決定要剖腹產，既然剖腹產不用等產兆，醫生問我要不要預約手術時間，我的好朋友就帶我去找她最信任的紫微老師。

老師在預產期前後兩週找好時辰，問我希望孩子有什麼樣的將來，這問題真的直擊靈魂深處。我從小就覺得我和家人的關係沒有很好，既然要單身生子，我的期待就是我和孩子的親子關係可以很健康、很溫暖。沒想到老師說：「噢，妳命格很硬又難相處，要跟妳合的時辰沒幾個。」我聞言大笑不已，老師真的好直白。

老師算完之後說有個好時辰在預產期後五天，怕我撐不到那時候就已經把小孩生出來了，所以那個不考慮。在預產期前有一個時辰「可以大富大貴，但要經過大起大落，不過想法新潮、創新、叛逆，應該是跟妳很合，就算不合妳也可以懂他」，另一個「就是暖男，人緣不錯，尤其長輩緣很好，一路上會有前輩扶持、提攜。」

我自己從來沒想過，要說出「我不求他大富大貴」是需要勇氣和決心的。我以為自己有足夠的體驗、見識和領悟，可以輕鬆地說出這句話了，但是在那個好像是在「拒絕富貴」的瞬間，我認真地感覺到我要做出一些會影響另一個生命的決定了（為人家長真的責任重大）！

就在我選了第二個時辰之後，紫微老師說了一段我永遠不會忘記而且永遠心懷感激的話。

「妳選這個很好，因為妳一直在求突破，一直在頂撞，所以妳沒有長輩緣，這孩子會讓妳看到很多事情不必硬碰硬，他也會教妳很多。有長輩緣的孩子也會有貴人緣，妳會看到他跟妳很不一樣，不用每件事情都自己去闖，有人在前面幫他開路，所以他好像做什麼都順順的。那妳千萬要記得，要教他感激。長輩和貴人都喜歡提拔後進，但如果後輩看不出來那是有人在前面使力，還以為自己這麼順就都是自己的實力，一下子飄了，以為自己有的一切都很理所當然，那長輩就會發現提拔錯人了，就會把資源收回去。」

我至今回想起這段對話，都還是有一種在深山裡遇見仙人的夢境感，如此短暫又如此寶貴。

果然開心果出生之後，我經常感覺到他的長輩緣，不只是叔叔、阿姨、爺爺、奶奶、老師、主任這樣的長輩都特別疼他，連他去遊樂場或博物館，都會有小學生願意教他一些他從來沒玩過的遊戲。他的際遇真的是和我完全不同，我從小獨白就是「哼！我就要證明給你看，才不是你講的那樣」。

為了讓開心果發自內心地感激，而不只是複誦我說出的「謝謝」變成一種口惠，我會在他聊到學校活動的時候說：「哇，你們老師真的好會教哦」、「你在學校吃得很營養耶」，有一次我們帶了一盒伴手禮點心讓開心果去和同學分享，等他放學的時候，我問「小朋友喜歡吃嗎？」

他說：「老師沒有給我們吃，因為不確定會不會過敏，所以每個人分一小塊，帶回家，問過爸媽再吃。」

我忍不住驚嘆時代不一樣了，現在的幼兒園老師要做得好細膩啊。「你們老師真的很細心耶！」

開心果就立刻回答說：「對啊，老師把我們照顧得好好，我明天要再謝謝她。」

「感謝、認同、鼓勵」這種燃料還有一種倍效使用法，就是除了當面向當事人表達謝忱，還可以告訴別人你有多感激他、肯定他、多想鼓勵他。具體來說，如果你很感激小美，除了直接告訴小美，你也可以在跟小明、小花、小華對話的時候提到你對小美的感謝，當這些話陸續輾轉傳到小美耳中的時候，效果會增強好多倍。

我們不妨想像一下，假設你今天要去拜會素未謀面的新客戶，結果客戶一見到你就說：「王經理跟我提過，你之前幫他處理那個案子，做得非常好。」這時候你有什麼表情？

或假設你是一名家教老師，要去見新學生、新家長，結果他們說：「李媽媽很推薦你，他們的小孩因為跟你學畫畫，學出興趣了。」你聽了有什麼感覺？

相信大家都有足夠的人生歷練，知道背後說人壞話終究會傳到當事人耳中，背後說別人的好話也會！那你問問自己，你會想要和哪種人同舟共濟？

豐盛練習11——取得燃料

- 請你找個舒服的坐姿，慢慢深呼吸，放鬆身體和大腦。
- 好好謝謝你自己。
- 好好肯定你自己。
- 好好鼓勵你自己。
- 你希望聽到別人在背後怎麼誇獎你。明天的目標就是採取行動，取得燃料。

風雨即是轉機

為什麼會說被裁員、被迫離職是福報充足呢？無法擺脫限制信念，想要追求平穩的人一定很納悶吧，對他們來說被裁員應該算是飛來橫禍。

如果你不在自己的航線上，被別人的價值觀默默牽著走，有時候風雨就是來替我們轉向的呀。這個道理在迪士尼動畫電影《海洋奇緣》裡解釋得最清楚。

莫娜聽了阿嬤的話，要前往魔鉤星座正下方的那座島，但她航海技術不熟練又隻身一人，每次打盹，船就漂離了原本的航線。她對大海說：「幫幫忙好嗎？」

結果一陣暴風雨，把她的船吹翻了，她在驚濤駭浪中暈了過去，等她在荒島沙灘上醒來的時候，怒氣沖沖地對海水說：「我要你幫忙！你幫這什麼忙？」但等她息怒之後，她發現——這就是她在找的那座島！

被洗腦太深的人，往往吃軟不吃硬，得靠這些大事件才會轉向。

我服務過的許多大老闆在回想自己的歷程時，幾乎都說過「當時那場危機，真的看不出是後來的轉機」這樣的話。前面說過，豐盛的人願意承認自己無知，這種謙卑真的很常透露在他們的思維、言行中。

我曾經訪問過臺灣的女性企業家周品均，她回憶自己大學的時候寒假沒事，就想學著網路拍賣，但是又不想被同學發現，所以她的服裝照都沒有頭。因為不露臉，很多人覺得這樣的穿搭才真實，和雜誌或型錄模特兒的照片不一樣。

接下來，她把滿滿的服飾照放入電子郵件中，寄送給客人，無意中學會了電子報行銷。那時候還沒有個資保護法，所以她在整個網路賣場裡複製給過其他賣家評價的帳號，用打電動的時間收集到幾百人的寄件名單。

漸漸地，所有賣家都在寄電子報，收件者不愛開信之後，她在商品名稱的欄位裡放入熱搜話題或名人穿搭風格，又再度獲得關鍵字行銷技能。

網拍賣場開始收服務費之後，她決定建自己的官方網站，剛開始流量雖然不夠大，但是卻獲得了顧客的完整資料，可以直接維護聯繫。

每一個關卡、每一道風雨過了之後都有寶物。

肯・羅賓遜爵士對於傳統教育制度還有一項批評：他認為人生是有機變動的，

是持續的即興過程，在《發現天賦之旅》中他寫到：「然而大多數的教育體系對創造力百般壓抑，而且所有的安排都是根據一個錯誤的假設：人生是線性發展，而且不會變動。」

許多人對職涯或生涯的想像都是讀了某個科系、通過所有考試，就會有某種樣板人生。我相信現在去問很多高中生和大學生，他們對於醫生、律師、工程師的生活有什麼想像，得到的答案會很一致。

但如果問中年律師、醫師、工程師，你會發現每個人生命歷程都獨一無二。

人生要精采，肯・羅賓森爵士認為有三項基本原則：

一、你的人生獨一無二。

二、你的人生是自己創造出來的。

三、人生是有機變動的。

我們的人生其實是受到許多我們無法預期與控制的強大力量所左右，明白這點才能夠謙卑地迎接所有風雨。

豐盛練習12——度過風雨

- 請你找個舒服的坐姿，慢慢深呼吸，放鬆身體和大腦。
- 回想自己很在意的一次負面體驗。就像在腦中播放錄影一樣，重新回顧這個事件。
- 現在，把你的角色換成你的孩子（或是你很在乎的人），看著他經歷一模一樣的遭遇，體會一模一樣的感受。
- 你希望他也有和你一模一樣的反應嗎？你有什麼話想對他說？你有什麼建議要給他？
- 看著自己，把同樣的話對自己說一遍。
- 恭喜你，突破了這個關卡，領到了專屬於你的寶物！

終點：有錢

終於，我們要來講「錢」這件事。

我在開設「老娘有錢」線上課程的時候，請學員每天來打卡，有些人就很可愛，會來留言「老娘要錢！」我看了很莞爾，**「要錢」和「有錢」事剛好兩種完全相反的心態，一缺一盈**。

確實，大家都想要有錢，我剛開始接觸豐盛冥想也是因為我缺錢，我想要有更多錢，但是在我實踐並推廣豐盛冥想之後，我發現很多人說他們想要有錢，但是卻說不出有錢之後要做什麼。

我曾經做過一件很不討喜的事情（好吧，其實我想我那天應該很討人厭，我就自己認了）——我受邀去主持職涯工作坊。當時，第一場活動還沒結束，我是下一場的主持人，原本第一場不甘我的事，現場用職涯探索牌卡與靈魂對問。涵涵大聲讀出她抽到的卡牌：「如果我現在有一億元，我要做什麼？」

涵涵深呼吸之後說：「我要去環遊世界。」

我發現在工作坊裡問大家「你為什麼想有錢？你要錢為你做什麼？」最常得到的答案就兩個：有財務煩惱的人會說還債，沒有財務負擔的人會說環遊世界。「環遊世界」的頻率之高，我都忍不住懷疑這是不是新時代的集體潛意識，取代上一個集體願望「買房子」，是不是主流文化和大眾媒體有洗腦我們說環遊世界是個人生目標。

我忍不住做起田野調查，在主持人允許下參與對話：「那你想去哪裡呢？」

「哪裡？」涵涵說，「全世界都去。」

「第一站要去哪裡呢？」我問。

「歐洲吧。」

「歐洲的哪裡呢？北歐還是南歐？什麼季節？待多久？跟誰去還是自己去？」

「自己去，壯遊。」

「那你喜歡自己旅行嗎？你有自己旅行的經驗嗎？你有一億元，自己去旅行，那你會分享照片嗎？你會打卡嗎？你一個人旅行，拍照打卡有什麼感覺？」

接下來的團體討論就很有趣了，擁有一億元要不要讓別人知道呢？如果不讓人知道，那這一億元是不是就要花得很低調？那一億元是個祕密嗎？是個心理負擔嗎？

為什麼擁有一億元不能讓人知道呢？我身邊都是怎樣的人呢？我自認我身邊都是見不得人家好的人嗎？我自認我身邊都是看到別人好就會想要占便宜的人嗎？我自認我身邊的人都是不能和我分享幸福的人嗎？我自認我身邊的人都是不會祝福我富裕的人嗎？

這呼應了前面寫的，如果你和你最常互動的五個人沒有一致的價值觀，那麼錢只會帶給你很多煩惱與猜忌。光是這不存在的一億元，就可以讓很多人瞬間看透自己的交友圈了。

事實上，如果「環遊世界」是個人生目標，現在就可以開始實踐了，因為環遊世界不會在一趟旅程中完成，想必是很多趟行程累積而成的吧，那麼千里之行始於足下，現在開始從近一點的地方開始輕旅行，不也就是在完成整個「環遊世界」大計畫裡的小任務嗎？

真正理解「價值」的人就會知道要環遊世界應該趁自己有精神有體力，不能等自己有錢，因為精力和時間才是真正有限的資產。

我們要把終點設定為「錢」嗎？我們和金錢的關係到底是什麼？

德州大學奧斯汀分校的就業輔導服務處主任凱薩琳・布魯克斯（Katherine Brooks）博士表示：「最令我心痛的是，看到人們為了高薪而工作，然後把所賺的錢全用來消費，安慰自己在工作上所受的苦。」

以前還沒有接觸過豐盛冥想的我，聽到這種思路，會想要摔筆了：「我就是想要更多錢才看這本書的呀，你現在要告訴我錢沒用嗎？」

不是這樣的，冥想的過程中我們就是不斷在拆解各種二元思維，沒有好或不好、要或不要這些假議題。窮人思維和富人思維最大的差異是，看到想要卻買不起的東西，窮人思維會說服自己「這不是必要的東西」。富人思維會問自己：「我要怎麼做才買得起？」

豐盛冥想如何定義「豐盛」呢？

豐盛的狀態是：所有的需求都滿足、所有的慾望都能實現。

你有沒有馬上翻白眼想反問我：「那不就是要花錢嗎？」

我們來細解這個過程，我們有需求和慾望，我們想要滿足所有的需求，想要實現所有的慾望。其實，我們要的不是錢，如果擁有很多錢卻不能用來實現慾望，那我們也不喜歡那種生活。**我們要的是心想事成的感覺**。

我很慶幸自己能因為口譯工作打破原本的價值觀，我先後在外交部和國防部工作，因公務和友誼認識了許多外交使節，也有機會出入官邸。臺北市的使節官邸通常都在帝寶和信義之星等地標型豪宅。早幾年，住戶還沒有很多的時候，同事就曾打趣地說：「屋主通常都在國外，警衛最常見到的其實是外傭和我們幕僚。」

不但外國使節派駐來臺有豪宅、專車，我們的外交官和武官外派出國通常待遇和生活條件也高於一般，我以前的組長就曾經拿照片介紹他在中南美洲時所住的大房子，還有他和管家的合照。

我在那時候明白了一件事：**我們要的是體驗**，縱使我們的願望是買車買房，我們要的是使用權，不見得是所有權。我們想要住在裡面的舒適安逸，不一定想要負擔房貸和水電費。

曾有日本駐臺代表因為官邸裝修，暫時以臺北最精品的日系飯店為居所，想想看，不用付房貸、房租、住宿費就可以生活在官邸或五星級飯店裡，不是比賺錢花錢得到的體驗更好嗎？

如果我們有想要的人生體驗，為什麼不趁現在有活力、有體力、有憧憬的時候去創造這些體驗？我們怎麼會相信家長、老師和主管說的，把每天清醒的時間都拿去做些無法樂在其中的事情，然後期待自己投入的時間可以換成錢，再把錢換成我們想要的體驗？那如果我們辛苦了半輩子，好不容易積攢到足夠的錢，拿去買豪宅、開名車、環遊世界，結果發現自己對裝潢設計一無所知，砸大錢做出來的品味很快就過時了，會有什麼感觸？結果發現出門旅行吃不習慣、睡不安穩，在外作客就是沒有熟悉感和人情味，會是何等失落？

尋找體驗人生的工作

如果你想要環遊世界，就去找能供你環遊世界的工作：飛行員、空服員、婚禮宴會籌辦人員、地質學家、考古學家、外交工作、供應鏈管理。

我們家在二〇〇三年去地中海搭迪士尼遊輪，迪士尼就是一個致力於創造魔法體驗的企業，每一位工作人員都無比親切，你會感覺到他們的存在就是為了讓客人有個完美的一天！

我們一上船，就先認識管家，接下來每一天吃完早餐，他就像魔法小精靈一樣來收拾房間，把所有的摺疊床、沙發床都收起來，讓房間稍微寬敞一點，而晚餐的時段，他又會來把所有床都打開來，在床鋪上留下浴巾折成的天鵝或各種動物，並在枕頭上灑一把糖果。用餐時段也是固定兩位服務生跟著我們一整週，每天一位固定介紹餐點，一位推薦酒。我們不管在走廊上遇見管家，或是一踏進餐廳見到我們的服務生，他們一定會很熱切、很好奇地想知道我們日間去了什麼景點、做了什麼活動、吃了什麼當地料理。

有一天，我媽在甲板把浴巾放入回收櫃的時候，被櫃門刮傷，她原本覺得是小傷，但後來發現切口有點深，血一直流，我就帶她去醫務室，那根本是個旅行診所，掛號、看診、治療的流程都是診所規格。

我和工作人員小聊起來，她說她原本在醫院工作，待過加護病房也待過安寧病房，那時候感覺自己從原本的情緒震盪漸漸變得麻木。因為看多了生老病死，愈來愈像個機器人，日復一日做重複的工作。一直到她讓自己好好放一個年假，到充滿陽光的度假村，才發現她原來可以在不同的環境發揮專長。她開始找遊輪上的工作，因為休息時間可以下船自由走訪景點，船開到哪她就玩到哪。

我媽需要的只是簡單包紮，所以我們沒有在醫務室待太久，沒想到他們好像通報了全世界。那個下午，不管是管家、救生員或是我們的餐廳服務生，見到我媽的第一句話都是：「聽說妳受傷了，現在感覺怎麼樣？我可以為妳做什麼？」

我的心裡大概放了一百次煙火，覺得扶老攜幼來迪士尼遊輪真的是太值得了，親生女兒都做不到這樣程度的嘘寒問暖呀！

醫務室裡的那場對話打開了我的好奇心，我開始觀察一艘遊輪上到底供多少人「帶薪旅遊」，除了遊客每天都會接觸到餐飲飯店服務類工作，如飯店經理、客房服務、艙房管家、房務人員、洗衣房人員、餐廳經理、服務生、調酒師、廚師、廚房助理、烘焙師、接待員、禮賓服務人員，還有表演工作者，包括活動總監、音樂家、舞者、ＤＪ、活動協調人員、青少年活動企劃、兒童活動企劃、健身教練、按摩師、美容師、化妝師、攝影師。

迪士尼遊輪上面甚至有百老匯等級劇場，除了有一整個劇團，還有燈光、音響、布景工程師。另外還有工程人員，如船長、甲板水手、工程師、安全稽核員、電工、水管工、木工和安全人員，另外有剛剛提到的醫療照護工作，像是醫師、護理師、營養師。除此之外還有遊客比較不容易接觸到的：資通訊技術人員、人力資源經理、物資供應經理、物流協調人員、港務協調人員，以及專門負責會計、公關、環保的部門。迪士尼的夢想號和幻想號平均都有一千五百名工作人員！

我後來逢人就問：「什麼契機讓你決定在迪士尼遊輪上工作？」

結果我問到的每一個人，包括活動主持人、美勞手作老師、餐飲服務人員、廚師和救生員都提到：「我想要和快樂的人相處。」

我才驚覺，在我的成長過程中，好少人認真想過「在職場的一天要怎麼過」。我們理想的職場生活中，一天之內，我們跟什麼樣的人共事、我們和他們討論什麼事情、什麼話題，大家用什麼態度、什麼表情在共事，我們用什麼方式發揮自己的價值，這些才是我們在選擇工作時最重要的思考。

把天賦變成工作

均一教育基金會董事長呂冠緯在演講中說，工作有三個層次：金錢（Cash）、職涯（Career）和召喚（Calling）。一個找到召喚的人，只要穩紮穩打，一定能有特別的職涯，金錢也會隨之而來。

這個召喚就是直覺的聲音、身體的聲音。什麼事情讓你樂在其中？什麼事情會投入到讓你體感失真？什麼事情就算碰到挫折也讓你樂此不疲？

是和聰明的人相處嗎？是和有創意的人相處嗎？是和動物相處嗎？是和植物相處嗎？是和小孩相處嗎？是和老人相處嗎？是獨處嗎？是你在表達意見嗎？還是在指揮大家？還是在執行標準流程？你在聽音樂嗎？你在尋找布料嗎？你在試吃不同的料理嗎？

我二〇一五年在矽谷創業的時候，看到很多創業家募資的過程，其中我最欣賞的是瑪希．羅勾（Marcie Rogo），她一上台就宣布：「嗨，我是瑪希，我愛老年人！我愛到現在創了第三間公司來提供銀髮服務！」

是不是讓人很想聽下去？一般創業家開頭就講產品、講技術、講市場規模，她則繼續說：「現在美國五十歲以上的人占全人口35％，但他們所掌握的財富占全國70％。這些人沒有財務的煩惱，他們有另外一個更大的煩惱——孤單、寂寞。」

瑪希接著說她原本設計的是熟齡交友平台，結果第一個版本釋出之後，她的團隊發現，除了原本預期為用戶創造遲暮之戀外，其實更多用戶在上面找同性別的朋友，一起打高爾夫球、一起上音樂課、一起去公園野餐。這些「內情」都是在讓投資者明白她有多麼熟悉這個產業，多麼理解用戶，未來可以為他們創造更多價值，串連銀髮的零售業和服務業。

另外一場我很喜歡的簡報，則是創辦人凱芮・韓德森・麥可德莫特（Carrie Henderson McDermott）一上台就說：「現在大家都用網路交友，有時候收到訊息實在不確定對方的意圖是什麼，所以年輕女孩需要交換意見、需要提點和建議，我們建立的平台，就是讓大家來解析年輕女性在戀愛過程中碰到的各種情境、各種問題。」在簡報的當時，平台上已有三百萬名會員。

這兩位創辦人在簡報之後的一個月內分別募得了七十萬和九十萬美元。她們其實就是把他們的天賦——喜歡陪伴長者和喜歡和女生八卦——變成了每天醒來做的事！

豐盛的生活不僅僅是擁有大量的金錢，而是能夠滿足自己內心深處的需求和願望。

如果我們只是擁有財富，但生活沒有目標，那麼空虛感和對人的不信任感很快就會將我們淹沒，會陷入另一種痛苦和失衡的狀態。現代社會裡有這麼多人希望存股致富，提早退休，不必再工作。其實，這代表潛意識在呼喚你去創造其他人生體驗，不要把自己困在現狀裡。

通過冥想和內心的探索，我們可以看到自己真心想要的生活樣態，當做這段航程的終點。而我們只要在航行的過程中持續活在當下、創造體驗，搜集回憶並樂於分享，那就是航海過程中的漁獲和珍珠，財富會自然湧來。

豐盛練習13——鑄造未來

❖ 請你用寫劇本的方式，寫下完美的一天會怎麼開展。先倒杯咖啡或倒杯茶，拿出你的日誌，在最上方寫著「完美的一天」。

❖ 這一天，從睜開雙眼起床，到閉上眼睛入睡，這之間發生了什麼事，你去了什麼地方、見到什麼人、討論什麼話題？

❖ 你在做讓你樂此不疲的事，那是什麼事？那樣的你是個什麼樣子的人？

❖ 什麼事讓你樂此不疲？是和聰明的人相處嗎？是和有創意的人相處嗎？是和動物相處嗎？是和植物相處嗎？是和小孩相處嗎？是和老人相處嗎？是獨處嗎？是你在表達意見嗎？還是在指揮大家？還是在執行標準流程？你在聽音樂嗎？你在尋找布料嗎？你在試吃不同的料理嗎？

Note

——寫下你的想法，覺察自己！

10

解除靈魂契約

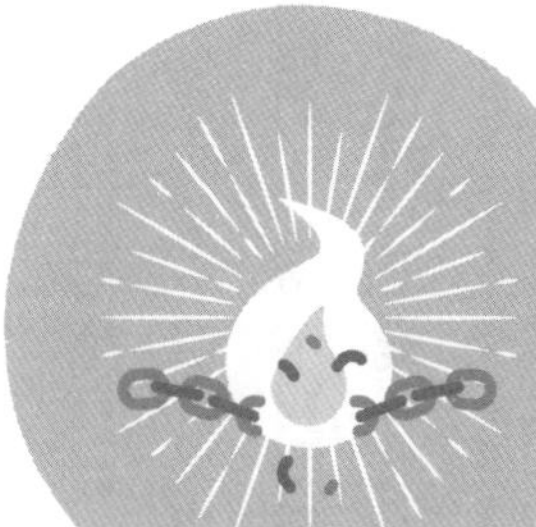

建立人我界線的重要性

還有一種情況是你的船明明不夠大，或你自知自己的心力還不夠，但有人就是要搭乘，怎麼辦？

丹達帕尼禪師（Dandapani）在演講裡面說：「有什麼方法可以保護自己，免受能量吸血鬼影響？那就是把責任交由他們承擔。我在世界各地演講，很多人想要問我問題，我總會把我的私人電子郵件地址給他們。我告訴他們：『請不要與任何人分享這個電子郵件地址，你可以把問題寫在信裡，然後發給我嗎？這樣一來，我能夠花時間思考這些問題，然後給你一個合適的解答。』他們總是說：『沒問題，我會把問題全寫在信裡。然後發給你。』你們猜猜多少人寫信給我？沒有人。」

明明只是把問題或遭遇寫下來，又不是什麼辛苦的修行或鍛鍊，他們卻做不到。有些人就是喜歡把自己的問題變成別人的問題，甚至想聽到別人說出「問題不在你」。

以前我引用這段話，聽的人都會點頭如搗蒜，然後我就做出結論：所以建立人我界線很重要。

這時他們卻搖起頭說：「那是你啊，我做不到。」言下之意通常是我比較狠心可以拒絕別人，他們心很軟。

這我也可以理解，要拒絕別人確實不容易，因為我們都不想讓別人失望，如果此人是照顧過你的人，那就更難拒絕了。

有一段時間，我請教了老師和前輩，他們都說「這就是機緣未足」，我便告訴自己，那我也要學會等待，給個案耐心，讓他們慢慢體會界線的重要。

可是我又感覺到如果我不做點什麼，個案就會繼續陷在原本的處境裡，他們來找我就是想要有改變呀！

薩德博士（Jeffrey K. Zeig, Ph.D）是現代催眠治療之父米爾頓・艾瑞克森（Milton H. Erickson）的傳人，他發展出經驗式治療的教學方法為個案進行喚醒式溝通。二〇二三年十月，薩德博士來臺開設大師督導班時，我很榮幸擔任他的口譯員。

薩德博士在這場大師督導班裡說：「治療師可以將個案從甲地帶到乙地，脫離原本的狀態，進入全新的狀態，但前提是：個案自己要想離開甲地。」如果個案受夠了，不想再用原本的生活繼續過下去了，那催眠體驗或喚醒式溝通都可以讓個案離開，但如果個案覺得這麼窩囊的生活我還可以繼續待著，那就會繼續忍下去。

我覺得會來找我的個案就是已經不想忍了呀。沒有界線的生活太苦了，他們不要了，可是要建立界線他們又做不到。

後來，在為新手村備課的時候，我忽然懂了。這些人已經付出了太多，心力交瘁了，如果這時候還要費力去打造一條人際關係裡的萬里長城，他們光用想的就覺得沒力了。所以，在潛意識溝通裡，我們不要再出力，我們要換個方向。如果你也有過度付出或無法建立人我界線的困擾，不妨現在就和我一起來體驗這個練習。

豐盛練習14——意識到自己的限制

請你找個舒服的姿勢，把雙手放在大腿上，閉上眼睛。

接下來只要關心自己，進入內心那個安靜的角落，專心感受自己的呼吸。

每次吸氣和吐氣的時候，感覺到自己更放鬆、更舒服、更平和。

你感覺自己來到了一個很舒服的地方，這個空間讓你很放鬆。請你觀察一下，這是個什麼樣的地方？

你感覺到自己在這裡擁有無窮無盡的資源，你有無窮無盡的時間、無窮無盡的金錢、無窮無盡的精力與無窮無盡的物質。這時候的你有什麼感覺？

你有無窮無盡的資源可以去幫助所有需要你的人，你可以滿足他們一切的需求。這時候的你有什麼感覺？

現在，你發覺，其實你的資源有限，你的時間有限、金錢有限、精力有限，這時候你有什麼感覺？

因為你的資源有限，你必須拒絕這些求助的人，這時候你有什麼感覺？

你簽下不平等合約了嗎？

沒有辦法建立人我界線的人其實是一直在簽立靈魂契約。可能是當朋友打電話來說「我最近心情好煩哦。」就馬上在無意識狀態下簽立了一個「我是客服人員」的無償僱傭契約，把自己當做是免費的客服人員，要盡力為這個不必付費的客戶解決問題，不能解決問題就要傾聽與安撫。

或者是聽到爸媽在吃飯的時候說「這陣子手頭很緊」，就立刻在無意識狀態下簽立了一個免利息且無限寬限期的紓困放款合約。

《讓錢自動滾進來的致富筆記》[20]的作者喬伊絲．瑪特是心理諮商師，她曾經破產又東山再起，輔導過許多有金錢課題的個案。她在書中提到無意識合約也是相同概念，最常見的兩種合約包括了「覺得父母辛苦養大你，你有責任實現父母的夢想」，這就是放下了孩子的角色，去簽立一份捐款合約，覺得自己的錢都要拿去給經營者花用，就算經營不善，也只能摸摸鼻子再多捐一點。另外一種則是「自我噤聲，避免傷害到家庭體系的其他人」，也就是無意識簽立了類似政治犯的叛國罪認罪協議，他認為自己只要把家裡面的委屈說出來就是叛家，他「必須」為了這個這個家放棄自己的言論自由和人權。只為了讓家庭能繼續維持表面和諧。

作者請大家一定要記著，「**這些信念或沉默協議並沒有強迫你去遵守，一切都是你個人的選擇**。」

不管你以為這份合約的強制力有多厲害，那都是靈魂契約、無意識合約，那都是虛構的。那份契約存在一天，你們虛構的僱傭關係就多存在一天，你的不平等地位就再維持一天。如果不想被佔便宜，就不要給人家機會！

大部分簽立靈魂契約的人，都會說服自己「人在做天在看」、「他一定也有良心吧」、「他有朝一日會回報的」，所以，其實簽契約的人並不覺得自己是簽了無償、無酬、無息的合約。誰會這麼乾脆這麼瀟灑地把財富、時間、精力都白白送人呢？所以這些人一直都有在記舊帳。

20 喬伊絲．瑪特，《讓錢自動滾進來的致富筆記：億萬富豪心理師教你開啟財富大門的12個關鍵》（*The Financial Mindset Fix: A Mental Fitness Program for an Abundant Life*），大樹林，2022。

這也就是為什麼他們有時候情緒滿了，說出了自己的委屈，卻得到一句「你怎麼那麼愛計較？」這實在太不公平了，明明一直在付出，各種形式的付出，都接近不求回報了，卻被堵了一句「愛計較」。

這問題要怎麼解？

就是不要給。當你不想被白嫖，問題是出在「白」還是「嫖」？你是不想被嫖了之後沒收獲？還是根本不想被嫖？

我每次這麼問個案，個案就會說「我不要被嫖」。

是啊，所以對方有沒有道謝、用什麼方式道謝，根本都不能平復自己的委屈感。

我在個案室說話太直白嚴厲，我們在書中換個方式和自己對話吧！

「你甘願被別人佔便宜嗎？」我相信很多人都會說「我不想被佔便宜」。

是啊，因為親密關係、親密行為是無法用金錢來衡量的，沒有人想被佔便宜。信任感、安全感、依附感也一樣。

進入任何一段關係前，都不要欺騙自己有無窮無盡的資源和能量，就不會去欺騙別人說你有無窮無盡的資源和能量（可以餵養他無窮無盡的無底洞）。根據吸引力法則：自欺欺人被人欺。

如果我們能認清自己的精力有限、時間有限、金錢有限再進入關係，我們就能做真實的自己，就能放心承認自己的限制。

當你學會照顧自己，就是助人成長

二〇二三年我的流年健康運勢不佳，在前一年年底就很多朋友家人陸續提醒我要多注意，隔年務必小心謹慎。結果我這一年才過了十一天，在一月十二日，我就摔斷手臂了。那時我和開心果去滑雪，因為白天要做口譯，我讓他去上教練課，等我下午做完口譯，補了眠，我傍晚就迫不及待想要去夜滑，才上去兩趟，第三次下坡的時候就摔斷手了。結果我太貪玩，抓了兩把雪冰敷患處，我又上去了好幾趟，等到我覺得實在是不行了，才去滑雪場的醫護室，所以我回到旅館房間的時候，手臂已經被包紮成一根超大木乃伊棒棒糖了。

我向開心果解釋之後，跟他說「這幾天你只能牽我的右手哦，左手拉到會痛。」然後接下來的四天，他都很細心，每次要牽手就會檢查一下：「這是沒斷的那隻手嗎？」

因為左手完全不能出力，所以他長出了自己穿衣穿褲穿鞋的力量，在斷臂之前這都是我很樂意為他做的事。離開日本的那天，他也會在能力範圍內推行李箱、背背包。

滑雪假期結束回臺灣之後，我很難適應自己只有一條手臂能工作的狀態。因為不能和平常一樣敲鍵盤打字，我試了好多種方法，有語音輸入或是戳 iPad 的螢幕鍵盤，都只有原本工作效率的十分之一，非常挫折。結果母親節的時候，開心果口述由老師記錄的卡片裡寫著：「媽媽你辛苦了，工作時打電腦，手很痛吧……」

年底有一天，我弟看到這張卡片，還問我為什麼學校幫他做的卡片這麼煽情，我忍不住笑說：「你忘了我年初摔斷手嗎？」

當我斷了手臂，沒有無窮無盡的體力、時間和耐心可以替開心果穿衣穿鞋、瞻前顧後，他便長出了照顧自己、體貼別人的能力。

有一次我在新手村說起這件事，有個同學立刻倒吸一口氣說：「我國中畢業就去高職唸書，因為媽媽希望我半工半讀，然後從那時候起，就要拿錢給她。賺愈多就要給愈多，媽媽一直打麻將，後來還被地下錢莊討債。我結婚之後，媽媽還曾經來我家住，因為她怕回家會被討債集團斷手斷腳。」

全班都聽得好緊張，這位同學繼續說：「後來我摔車，跛了半年，媽媽就搬走了，說不要給我添麻煩。」

當時這同學覺得自己很倒楣，運勢很差，也覺得媽媽很不夠意思，做了解約的練習之後才發現：原來這個事件要教會她先照顧自己。

對無能的人來說，解約才是再幫助他成為更好的人，無能的人需要賦能，而不是去頻繁消耗有能的人。

人我界線是個很難的功課。我不希望讓想畫出界線的人覺得自己自私，畫不出的人覺得自己軟弱。

透過解約的練習，我們可以不要把焦點放在界線上。我們可以先感受自己無窮無盡的愛心與慈悲，再去感受一下當我們覺得不伸出援手別人就會死，這是不是小看了他們的潛力，這可能是一種傲慢或固執。我們不要阻擋了別人的成長，又同時燒乾了自己，別讓靈魂再簽立這樣的不平等合約了。

豐盛練習15——解約

◆ 請你找個舒服的坐姿，慢慢深呼吸，放鬆身體和大腦。

◆ 想像自己擁有無窮無盡的資源、無窮無盡的時間、無窮無盡的耐心可以去照顧身邊的每一個人。感覺一下這樣的自己有什麼情緒。

◆ 這時你發現你並沒有無窮無盡的資源、無窮無盡的時間、無窮無盡的耐心，你沒有辦法照顧身邊的人。感覺一下這樣的自己有什麼情緒。

◆ 需要你照顧的人，因為無法得到你的資源、時間和耐心，所以必須練習照顧自己，你看著他們學會自己面對課題，獲得了屬於他們的資源。感覺一下這樣的自己有什麼情緒。

◆ 用你原本照顧別人的方式來對待自己。感覺一下這樣的自己有什麼情緒。

Note

——寫下你的想法，覺察自己！

11

最上乘的溝通：說實話

你其實都知道

我們在前幾章解釋過基礎教育和傳統價值觀讓我們誤會了金錢與人力，並提到人貴自知。可能還有許多人都不知道認識自己、理解自己、接納自己是豐盛人生最重要的功課。

箋箋說她在前一間學校教了十年，很心酸、很氣餒，感覺自己做了很多都沒人看見，想換學校，可是投履歷投了兩年多都沒有機會。

箋箋：「可能因為我是在教會學校，所以其他學校不要我。」

我問她：「妳怎麼知道呢？」

箋箋：「我不知道。」

我接著問：「其他學校要怎樣的老師呢？」

箋箋還是說：「我不知道。」

我說：「妳知道！」

箋箋歪著頭滴著眼淚看著我：「我真的不知道啊……」

我問：「這個問題的答案在誰那裡呢？誰會有答案呢？」
箋箋狐疑地說：「別間學校的老師？」
我說：「是啊，所以妳要怎麼知道答案呢？」
箋箋：「我不知道。」
我繼續說：「妳知道！」
箋箋：「我要去認識別間學校的老師？」
我說：「是啊，妳認識其他學校的老師嗎？」
箋箋搖搖頭。
我問：「教書十年來，妳都沒有認識其他學校的老師？」
箋箋搖搖頭。
我問：「那妳要怎麼認識其他學校的老師？」
箋箋：「我不知道。」
我說：「妳知道！」
箋箋邊猜邊說：「請朋友介紹？飯局？」
我說：「所以妳都知道啊，不要再跟自己說『我不知道』了！妳有參加過任何教學研討會，或其他可以認識老師的活動嗎？」

箋箋搖搖頭。

我問：「那妳知道妳為什麼履歷投了兩年都碰壁嗎？」

箋箋說：「我不知道。」

我說：「妳知道！」

箋箋噙著眼淚：「我知道。」

我說：「那我們再來一次，其他學校要怎樣的老師呢？」

箋箋說：「我要去問，我要去找人問出來。」

我問：「每次妳跟自己說『我不知道』，這表示什麼？」

箋箋說：「表示我沒有答案，我要去找答案。」

有時候，我們在航海途中遇到的風雨，只是來提醒我們不要繼續自欺欺人。箋箋回到她生活的城市之後，過了兩個月就傳來好消息，她帶學生參加比賽，那天認識了很多別校老師，聊到不同學校的不同生態，也釋出她想去其他校園試試的消息，就被一間私立學校延攬了。

其實她來找我之前就常常帶學生參加校外活動了，但她竟然這十年來都沒有趁這些機會去認識其他學校、其他老師。

箋箋在潛意識裡回溯高中的記憶，那時候的她在國外唸書，需要當義工拿學分和時數，原本連續兩年她都去幼兒園說故事，到了第三年學校改規定，需要兩位老師簽名才能到校外當義工。

當時班主任無論如何不肯簽名，其他同學都很快就拿到老師簽名了，班主任「偏不幫她簽名」。

我問：「學校有幾位老師？」

箋箋說：「很多。」

我問：「能不能請其他老師簽名？」

箋箋斷言：「他們都不敢得罪主任。」

我問：「妳怎麼知道？」

箋箋口氣篤定：「我就是知道！」

我問：「妳會預知未來還是會通靈、會讀心？」

箋箋說：「都不會。」

我問：「那妳怎麼知道別人在想什麼？」

箋箋吞吞吐吐：「我不知道……但我知道他們都不敢得罪班主任。」

我問：「後來怎麼了？妳有去當義工嗎？」

箋箋答：「有。」

我問：「妳怎麼當得成？」

箋箋回想起：「有個老師看我在主任辦公室外面站很久，就跟主任說，主任剛好要去吃飯就簽了，那個老師也順便簽了第二個簽名。」

我問：「那這個老師怎麼不怕得罪班主任？」

箋箋不語。她帶著高中時未解的心結活到了現在，然後去見未來的自己，過著美好生活的自己，問她為什麼可以活得那麼自在愜意。

未來的自己說：「以前的我明明知道要採取行動，卻謊稱不知道。明明不知道別人想什麼，卻堅持我知道別人要害我、要委屈我、要為難我。我開始真誠地面對我『真的知道』和『真的不知道』的事情以後，日子就好轉了。」

我很少個案是來的時候如此執拗，離開的時候又如此通透。

前面幾章拆解了那麼多限制信念，就是要讓大家明白如實做自己有多麼重要。每一層限制信念都會讓我們離真實的自己愈來愈遠。

有許多人聽到要做真實的自己，就會接著問「真的可以嗎？」大家都好害怕真實的自己哦。我最常被問到的兩個問題就是：

「如果要做真實的自己，我可以想吃就吃、想睡就睡嗎？」

「那我生氣的時候真的可以發脾氣嗎？」

接下來，我們一題一題來解。

慾力是前進的燃料

《擺脫節食的情緒勒索》[21]的作者伊芙琳．崔伯（Evelyn Tribole）經常在受訪時提醒大家「慾力」的重要，我聽了好喜歡。**很多人想知道怎麼釋放人生創造力，**

21 伊芙琳．崔伯，《擺脫節食的情緒勒索：「直覺飲食」運動創始人教你10項原則、13種靈感練習、365天日常生活實踐，開啟身體、心靈與飲食的對話，打造個人專屬的健康飲食法》（*Intuitive Eating for Every Day: 365 Daily Practices & Inspirations to Rediscover the Pleasures of Eating*），常常生活文創，2021。

其實答案就是「縱慾，想吃就吃、想睡就睡、想買什麼就去買、想做什麼就去做。」

有人接著問：「但我不能想吃就吃、想睡就睡啊。」

所有談富人思維的書都會說，窮人和富人想的不一樣，窮人思維是無奈：「明天要上班，還是早點睡」，富人思維是好奇：「為什麼我的工作限制了我的作息？我要怎麼做才能隨心所欲？」

慾望真的很重要，那根本是推動人類文明前進的燃料，慾望出現的時候不要否認、不要壓抑，才能感受到慾力。

食慾也是一樣的，從內分泌的角度來說，壓抑食慾的念頭會讓大腦不安，產生「熱量進來不能輕易放過」的指令，讓身體努力囤糧。

對自我價值的影響呢？

飲食控制讓人無法信任自己，其實我們都有體感的，人不是機器，食物進到身體後轉化為熱量和能量的過程，和柴油引擎不一樣，把消化系統當成燃油系統的觀念太工具性，泯滅人性。

人本來就有飢餓感、飽足感、空虛感和幸福感，如果總是讓量表和記錄表來壓制體感，一味跟自己說「這份量很足夠、多吃就攝取過量了」，這樣要控制到哪一天呢？而且飲食控制的過程很容易讓人自責或懊惱，這都不是飲食該給人的感受。

那接下來的問題就更深刻了：「可是想吃就吃的話，我的體重就直線上升了呀」，那其實是因為那個「想」並不純粹，其實想吃的時候，可能是你想慰勞自己、犒賞自己、彌補自己，只是腦子裡建了一條神經短路——

想慰勞自己，吃。

想犒賞自己，吃。

想彌補自己，吃。

因為認真去想自己到底想要什麼樣的慰勞，實在太花腦力了，搞不好想著想著，會發現自己其實該調整工作模式、該換個職場。一份甜點或炸物或麻辣鍋，其實是止痛劑或迷幻藥，給自己一點慰藉，然後繼續留在痛苦裡。

也就是說，一股創造人生的慾力明明出現了，但我們卻迴避了真正的問題，選擇了神經短路，讓人吃下身體不需要的食物，製造負擔。

我們可以透過冥想來提醒自己：神經是有可塑性的，退後一步就可以去面對真正的問題，去調整工作模式或轉換職場。

怒意讓你不被虧待

亞里斯多德說：生氣的人在想著自己可以爭取什麼。當你相信你可以為自己的目標去爭取，這是個愉快的信念。

我是一個還滿容易動怒的人，我每次在社群網站上把我不爽的事情寫出來，不但自己有發洩過後的暢快，這些文章的迴響也都很熱烈。

但我這幾年說我常生氣，大家都說：「不會啊，你反應很從容（或是你聲音很溫柔）。」，那就是因為我學會駕馭怒意了。

後來我看 Netflix 影集《同妻俱樂部》（*Grace and Frankie*），六十歲的葛蕾絲有一天看到三十歲的小女兒坐在廚房裡因為婚姻狀況悶悶不樂，於是就問她怎麼了。小女兒情緒很低落地想要娓娓道來，這時候葛蕾絲就說：「別發牢騷了，發怒吧！」

這時候我忽然懂了！碰到問題的時候，挫折感會把一個人的能量往下拖，但是當你怒火燒起來的時候，整個人的能量會往上升。

怒氣會為你的能量生火添柴，而且生氣的人會啟動創造力，會設法解決問題，鬱悶、挫折、氣餒的人不會。

怒氣的價值長期被貶抑了。

多數的人在家庭、學校、職場裡都被灌輸了：不要發脾氣。大家普遍都選擇迴避衝突，但生氣需要練習，迴避衝突也需要練習。沒練習過就亂發脾氣的話，很容易變成瘋狗，或無意中造成人身攻擊，自己也後悔莫及。沒練習過就一直迴避衝突，很容易變成忍氣吞聲，漸漸侵蝕了自我價值。

我最討厭跟我說「以和為貴」的人了，所以我決定要宣揚生氣的價值。

但我要先定義一下，這裡講的生氣是指「一個人內心的狀態」，生氣的外在表現是「不允許自己被虧待」，而不是要發脾氣、得罪人或遷怒別人。

生氣就是在維護自我價值和人我界線：皮克斯動畫電影《腦筋急轉彎》對怒意的定義非常準確：「怒怒最在乎公平，如果我們遭受不公平的對待，就會動怒。」我們潛意識裡都知道自己在每一段關係裡都想要得到尊重，當我們察覺到對方不夠尊重的時候，就會生氣。

我很喜歡的作家艾德．麥萊特（Ed Mylett）曾說過：「你要是不生氣或饒過他，就是降低標準，那人生不如意要怪誰？是你自己告訴對方不用尊重你的呀。」

生氣很爽：生氣可能是負面情緒裡唯一在當下會讓我們覺得好過的。焦慮感、愧疚感、悲傷、丟臉這些情緒都不好受，怒氣不一樣，怒氣會讓身體興奮起來，還會分泌多巴胺和正腎上腺素。

生氣會提供動能：腦神經科學家說怒意會讓我們注意到哪裡有問題，提供能量讓我們去面對問題，怒氣會鼓勵我們採取行動，而不是抱怨或發牢騷。

生氣會有影響力：心理學家瑞克．韓森（Rick Hanson）說怒氣是人際互動時最有影響力的情緒，也就是說，大部分的人都會聽生氣的人說話。

他說，如果我們能同理身邊那些在難過、擔心、煩惱或孤單的人，我們都「滿能接受他們那個樣子」，但如果他們發脾氣了，我們通常會聽他們的話（這不是就說人類犯賤嗎？好吧，如果人類就是普遍會欺善怕惡，那我們也應該善用這項特質）。

我覺得大家長期以來把「內心感到憤怒」和「表現暴躁、兇狠、發脾氣」混為一談，所以也很容易在孩子、學生、員工發怒的時候，規勸他們說這樣不好。

確實發脾氣和遷怒別人有毀滅的力量，我是過來人，我犯過很多錯、得罪過不少人。但這並不代表我們要抹滅心中的怒意，差別只在於覺察和正念。能夠覺察到怒意的人，就能透過正念靜心，讓這情緒過去，在這情緒來去的過程中，讓怒意點燈，照亮現狀的問題，然後接受怒意帶來的能量，轉化為創造力。

最後，介紹我很喜歡的一首詩——蘇菲教派詩人魯米（Rumi）所著的〈客房〉把身體比喻成客房，情緒比喻成訪客。這首詩幫我理解情緒的來去和情緒的價值，希望大家也能參透。

生而為人猶如客房。
每天清晨都有新旅客蒞臨，
有愉悅的、有憂傷的、有刻薄的旅客，
某些覺察的片刻就如意外旅客的到訪。
誰來都一樣歡迎他！
即使他們是一群恐怖的悲傷情緒，
狂暴的將你客房的傢俱一掃而空。
也要如待上賓的招待他們，
因為他可能會為你除舊佈新，
帶來新喜悅。
無論來者是惡意、羞愧還是怨懟，
你都應該笑臉相迎，
邀請他們入內。
對任何訪客都要心存感恩，
因為他們每一位都是上天派來的嚮導。

真誠表達才能改善關係

千千說她很懊惱，自己前幾天打了小孩，她的小孩還沒成功戒掉尿布，不過肢體發展成熟，會自己換尿布了。偶爾耍賴撒嬌不想自己換，千千也會幫他穿。

那天晚上他又耍賴了，但千千就是不想幫他換尿布，心裡一直碎念著：他明明就可以自己處理。於是就一直跟小孩說：「你已經長大了」、「你已經可以自己換尿布了」、「你已經有能力了」、「你不換尿布就光屁股睡覺好了」。

最後僵持不下，千千就打了小孩。小孩放聲大哭，先生過來直接幫小孩穿尿布，讓千千覺得自己無能又易怒，後來千千看著孩子的睡臉很歉疚。

我帶著千千回到那一天，

我問她：「當時的妳氣色怎麼樣？」

「很疲倦。」

「妳看著當時的自己，妳有什麼話想對她說？」我問。

「他只是個小孩，妳為什麼那麼失控？」

我心想：不不不，我不要妳責備自己啊，不過我們讓潛意識來處理吧。

「那當時的妳聽了有什麼反應？」我接著問。

「她面無表情。」千千說。

「是啊，妳是全世界最能理解她的人，她需要妳責備她嗎？」我又問。

「不需要。」

「現在的妳有什麼話想對當時的自己說？」

「妳看起來好累。」千千說，「啊，她哭了。」

「請妳看著兒子，把妳最真實的內心話說出來。」

「我不想幫你換尿布。」

「兒子聽到了有什麼反應？」

「他傻住了。」

「他問我怎麼了，我說『我好累，又好煩』。」千千頓了一下繼續說：「兒子抱著我，他在關心我。」

如實生活的第一步是對自己誠實：累就是累、煩就是煩，有心事就是有心事。接下來就是真誠待人：有心事就別說「我沒事」，有關係就別說「沒關係」。

我們能如實表達自己的感受，對方才有機會接住我們的情緒和需求，讓他有機會成為更好的人。

如果對自己不誠實，又找些冠冕堂皇的理由來掩蓋真相，像是明明就是不想換尿布，又堅持說是在訓練兒子獨立，那孩子得到的教養就是：我得找個光明正大的理由才能滿足我內心的需求。

那麼以後不想陪太太去跟岳家吃飯，就要假裝加班或出差。就不會滿足真正的需求，不會解決真正的問題，不能改善重要的關係。

你只要說實話

我們想要日子過得豐盛，必然要做出改變，許多人都覺得「要改的不是我呀」！

當我跟個案說：「現在的處境給你什麼感覺，把實話說出來，說給對方聽。」

很多人的反應是：「我有說啊，我有請他尊重我的專業啊，可是講了也沒用。」

我在非暴力溝通的課程中學到一個很重要的觀念，就是在討論生涯、職涯、財務關係、感情關係的時候，**我要求自己「只說出百分之百的事實」**。

任何觀察，若只有百分之九十八是事實，但有百分之二可能不是事實，我都不讓自己說出口，例如「你每次都遲到」、「你總是不讓我把話說完」、「你都會忘記我說過的話」。

那怎麼辦呢？通常我講出自己的這個規則，台下就會倒吸一口氣，這樣算算，好像沒有什麼能數落對方的了。

非暴力溝通就是不要互相傷害，沒有人在被指責之後還有辦法耐著性子跟你同舟共濟。

正向教養說責備孩子是一種很奇怪的行為，大人怎麼會瘋狂到誤以為「讓孩子感覺糟糕」能幫助他們變好呢？

我們在正向教養的工作坊裡請家長試著模擬孩子的感受，讓一位家長出來重現最近罵小孩的場景，其他家長挨罵，結果大家被責罵時的感覺是：

我真的很壞，所以媽媽才對我講話那麼大聲。

我很沒價值，所以媽媽一直罵我。

我下次不敢了，因為我好怕媽媽很大聲罵我、打我。

等我長大有力氣，你就知道了。

我下次要藏更好，不要被媽媽發現就不會被打了。

沒有人在理解媽媽的訴求！指出對方的錯誤，並不能讓對方認同你的正確，再加上我給自己的規則「只能說出事實」，**那麼我們在溝通時唯一能說的實話就是：自己真實的感受**。

非暴力溝通的四個句型

要提出非暴力要求，我們只需要套用這四個句型：

當你______（敘述做了什麼事），

我覺得______，

我需要的是______，

可不可以請你______？

例如，你原本想說的是「你從來都沒有感激我！」

套用這個句型就可以改成「當你誇獎團隊裡的人，卻漏了我，我覺得很失望，我需要的是工作受到肯定，可不可以請你協助我理解我負責的方向有沒有問題？」

或者，你原本想說的是「你一直忽略我！」

那可以改成「當你不讓我發言，我覺得自己不重要，我需要的是和大家討論我的想法並搜集回饋，可不可以請你給我機會表達我的意見？」

上文的千千沒有對孩子說實話，就沒有給孩子體諒的機會。無能的人需要被賦能。很多時候我們被困在逆境裡面，只是因為我們沒有給對方機會。

我還有一個很甜蜜的案例可以和大家分享。鮮鮮來找我的時候，男友陪他來而且願意在外面等三小時。

結果鮮鮮一劈頭就說：「我脾氣不好，情緒管理有問題，占有慾很強。」

他說別人和男友有肢體接觸，他就開始生悶氣，然後在心裡質疑「你明明知道我很在意，為什麼不拒絕？」

我們回溯了好多場景啊，去解開不信任和自卑感的根源，其中也好幾次繞回「我講過也沒用」的無奈。最後，我帶他回到最近爭執的那一天，鮮鮮陪男友去參加大學同學會。

我問：「你們出發前，你想怎麼過這一天？」

鮮鮮：「開心吃飯？說說笑笑？」

我樂道：「很好，吃飯吃到一半殺出程咬金摟了他一下，你要把這個晚上的導演權交給他嗎？」

鮮鮮開始氣了：「難不成我要裝作沒看到嗎？」

我再問一次：「這個晚上你打算怎麼過？」

鮮鮮重複說：「開心吃飯？說說笑笑？」

我問：「這個程咬金給你什麼感覺？」

鮮鮮直說：「不爽？生氣？想揍他？」

我問：「他讓你明白了什麼？」

鮮鮮秒答：「我很在乎我男友。」

我說：「太好了！對程咬金生氣可以讓你開心地度過這一晚嗎？」

鮮鮮：「不會。」

我：「對男友生悶氣可以讓你開心地度過這一晚嗎？」
鮮：「不會。」
我：「假裝沒看到可以讓你開心地度過這一晚嗎？」
鮮：「不會。」
我要求他：「你現在看著男友被摟了之後，跟他說你的感覺。」
鮮鮮鼓起勇氣說：「我很在乎你。」
我好奇地問：「他有什麼反應？」
鮮鮮偷笑了：「他摸摸我的頭，夾菜給我吃。」
我接著問：「你有什麼感覺？」
鮮鮮不竊笑了：「很爽、很開心、很甜蜜！」
我再問：「同桌的人有什麼反應？」
鮮鮮喊：「閃！灑狗糧！」
說出真心話吧，各位！如實表達才有良緣（正向的人際關係）。

豐盛練習16——如實表達

◆ 請你找個舒服的坐姿，慢慢深呼吸，放鬆身體和大腦。

◆ 回想一件最近很在意、很想溝通的事。

◆ 練習用非暴力溝通的句型說出來：

◆ 「當你____，

◆ 我覺得____，

◆ 我需要的是____，

◆ 我們可不可以____？

Note

——寫下你的想法，覺察自己！

12

從此，開始樂業

到底要怎麼鍊金？

皮克斯動畫電影《腦筋急轉彎》的導演彼特．達克特（Peter Docter）在英國電影學院獎和奧斯卡獎頒獎典禮上致詞說：「對於還在摸索的人，你們會害怕、憤怒、傷心，這都很正常，你無法選擇自己的經歷和感受，但你可以行動。請你表現你自己：唱歌、寫作、畫畫或拍電影，做什麼都好，這個世界會因你而更美好。」

我前面花了好多篇幅在寫限制信念的來源和解法，就是因為：限制信念沒有清除乾淨的話，大家都不願意相信豐盛就是樂業。

在我職業生涯中，那些真正富裕豐盛、活出金光閃耀的人都在做他們真心喜歡的事。我觀察的指標就是「樂」，樂業的人都能樂在其中、樂此不疲，樂善好施。

樂此不疲並不是說他們不會累。娜塔莉．波曼（Natalie Portman）在二〇一一年榮獲奧斯卡最佳女演員，同年日本發生福島三一一大地震。隔年，娜塔莉．波曼以Miss Dior的身分代表迪奧參加災後慈善活動，我是她當時的口譯員。中文媒體的專訪和聯訪就花了好幾個小時，接下來還有韓文媒體與其他東南亞國家的媒體代表團等著繼續採訪她。採訪結束之後累到元神都要登出了，只能在沙發上兩眼發直。但是，如果你問這些大明星「這麼累，還要不要做下去？」或是「這麼累，你若能重來還要做這件事嗎？」

他們都會很堅定地說：「要！」

這就是樂此不疲。

要判斷你每天最清醒、最有創造力的時間是在當工具人實現別人訂好的目標、還是在當人進行自我實現，有個很簡單的方法（其實最簡單的方法就是憑感覺，所以才說「人貴自知」，但我知道很多個案都已經沒感覺了）：看你在消耗體力，還是活力。

當你走在自我實現的道路上，你會累，會感覺到體力流失，但是體力很容易回充。可能一頓飽食、一場好覺或者和朋友同儕一席話就感覺到自己回血了。

如果是走在別人安排的道路上或是自己也不知道為什麼、迷迷糊糊不假思索地「就一直做下去了」，那就算一整天沒有做什麼勞累的事情，在辦公室裡有冷氣、有團購、有下午茶，但一天結束後還是會覺得自己好沒力、好沒勁、好沒電，只能回家躺平，但躺完也沒有感覺自己精氣神飽滿。

哈佛商學院企業管理教授泰瑞莎・艾默伯（Teresa Amabile）長期研究個人創意、團隊創意與組織創新，她在演講中提到：「當人們有熱情，全心投入、熱血沸騰、樂在其中時，他們會變得更有創造力。即使在從事活動的過程中，他們有時會覺得很辛苦，但是仍然會投入所有的心力。」

這就是樂此不疲。

從小小的勝利開始

泰瑞莎・艾默伯教授的演講還協助我突破了一項限制信念：人要的不是安穩，而是小小的勝利（small wins）。

我剛開始擔任催眠師的時候，很多個案來找我建財庫，那時候的我一度懷疑自己不適合當催眠師，因為我連續創業，每次創業都覺得很期待、很新鮮，而且每次要創業都有一種「不做會後悔」的感覺，比起失敗，我更怕留在原地不動。

這讓個案覺得我無法體會他們多麼想要安穩過日子。我們在建財庫的過程中，縱使個案在潛意識裡發現「原來我很適合當業務」、「原來我適合自己接案面對客戶」、「原來我適合自立門戶」，但是他們心中還是有個洪亮的聲音會說「可是我現在的收入很穩定」放棄的風險太高了。

甚至在我開設「老娘有錢」線上課程的時候，也有同學舉手說：「我知道自己的天賦，我的天賦就是用講話和熱情的分享，去影響別人，我喜歡跟很多人談話，幫助他們、鼓勵他們。我的限制是：我現在是公務員，法規限制公務員兼職，所以我覺得我就是只能領固定薪水，做到65歲退休，雖然這樣我就不能到處出國，過我喜歡的生活，但是這幾年這麼多次景氣不好，公務員薪水至少穩定。」

我看到這樣的訊息都不知道要怎麼做表情管理。我會想揉太陽穴、也會想嘆氣、但也差點忍不住噗哧笑出來。這同學明明就已經找到天賦了呀，但還是會洗腦自己說景氣不好，就把人生體力、腦力、品味最好的那幾年都用來當螺絲釘，等到自己走不動、咬不動的時候再補過喜歡的生活好了。

這又扣回了《讓天賦自由的內在動力：給老師、父母、孩子的實踐方案》列出的錯誤認知（限制信念）：把世界想得太危險、太殘酷。

當家長和老師把世界想得太危險、太殘酷，又基於一種自保求生的慾望，希望孩子都能養活自己，不要拖累群體，就會要求孩子「安分」。這時候認識、探索和自我實現的體驗都會被當成「不安分」，孩子長期接受這種限制信念，就會洗腦自己說：穩定最重要。

我真的在直播課忍不住說：「穩定低薪也是穩哦，這真的是你要的嗎？你真的相信你，這輩子就這樣了嗎？」

我後來發現，這些個案和學員，想從人生中得到的並不是安穩，只是他們在成長過程中，沒有獲得實現人生目標的訓練，所以他們想到要「追求」就覺得恐懼或心累。

這就是為什麼要**從小小的勝利開始**。

從小小的勝利開始

例如，要把公務員鐵飯碗辭掉很可怕，那我們可以先理解一下「公務員不能兼職」嗎？事實上公務員可以演講、寫文、出書。銓敘部一〇九年七月二日部法一字第 1094950262 號函釋〈公務員服務法〉就提到：「公務員創作之專利、著作、藝術作品、應用程式、通訊軟體貼圖，得以自己名義運用或授權他人使用獲取報酬。」

第一個小小的勝利是澄清誤會：原來公務員可以有固定薪水以外的報酬呀。慶祝完這個好消息之後，可以再前往下一個小勝利：找出有在兼職的公務員，光是在臺灣我就可以列出好多有出書、演講的老師、教授、輔導師。還有，公務員裡面也有人到處出國、過著喜歡的生活哦。

我高中畢業的時候以為自己中英文流利很適合當外交官，所以選了台大政治系國際關係組，結果進了這個科系才發現自己誤會大了。外交官的語言能力只是標準配備，真正的實力差距在於歷史和地理。不理解地理的人看不清楚地緣政治；不理解歷史的人看不到未來趨勢，所以戰爭史、外交史都非常重要。

就在我發現我沒辦法當「典型」外交官，感到迷茫的時候，我隨著臺北樂府樂旗藝術團到美國巡迴比賽。我們在華府受到代表處接待，那時我才曉得代表處理負責交涉外交事務的「外交官」並不全部來自外交部：負責談農產品進出口的涉外人員來自當時的農委會、負責大學生與留學生事務的涉外人員來自教育部，還有負責軍購案的武官來自國防部。這讓我明白世界上很多事情，其實並不像我們最初想像的那麼簡單。

要破除限制信念，避免被別人洗腦，就是要培養自己批判思考的能力，從而建立自己的價值觀、世界觀。如果有人說：「公務員就是……」（以下省略三百種誤解）」，你不妨問自己：「真的嗎？這是千真萬確、百分之百的事實嗎？世界上或全臺灣真的沒有樂在其中、樂此不疲、敬業樂業的公務員嗎？」

當你有這個疑惑，你就可以開始尋找答案。我在口譯生涯中遇見很多值得敬佩的勞動部、教育部、文化部長官與職員，不管是輔導臺灣影視產業、維護移工的人權、栽培實驗教育、科技教育、美感素養的種子師資，這些都是公務員的成就。

已故的參謀總長沈一鳴上將與駐泰國前大使李應元都是我服務過的長官。如前段所述，我高中的時候立志要當外交官，其實當時見識非常淺薄，以為涉外事務就是外交部在處理，後來進了衙門當口譯才曉得：農委會、勞委會、國防部也都經手許多涉外事務，例如：鳳梨、移工、軍購。

移工就是對國內產業、勞動與經濟結構影響深遠的重大外交工作（想想高中時的自己一直以為外交工作就是穿西裝在聯合國會議室裡談判、簡報，真的好傻好蠢）。李應元是第一位讓我覺得他真心把移工當人看待的主委，不是勞動力、不是生產工具，而是有血有肉的人。

在雙邊都很清楚會討論到人數、工時、工資的基礎上，他很放心地把以人為本的議題拉到最前面，像是如何檢舉不良仲介、如何提供行前訓練，讓移工在自己的國家就先知道來臺灣以後會有什麼樣的待遇、如何提供職訓認證，讓移工在自己的國家用自己的語言就先完成看護工或其他類型的技能檢定、如何提供國臺語課程、如何確保臺灣的仲介和雇主不會逼迫移工違背他們的宗教和信仰，還有移工如果在臺灣發生職業災害（像化學灼傷）或勞資問題、治安問題，可以透過哪些管道獲得協助。

不只外交，他要做到這些，也得和警政單位、健保單位協調，確保資源能到位。

等我自己在美國當移工，在美國創業，我經常想起李主委在這些談判會議裡說過的話，我也好想要有這樣的父母官，保障我們在外的生活啊。

後來李應元到了環保署，我們還有幾面之緣，我印象最深刻的是他推動宗廟減香，任何想要挑戰民間信仰的在位長官都讓我很尊敬。那完全是一件吃力不討好的事情。

現在我們去行天宮，沒見到香煙繚繞，已經不覺得奇怪了，根本想不起來幾年前要推動這些環保做法是如何困難重重。

我記得有一次他接見美國議員的時候，那位議員年輕時曾經來臺灣，他說：「我看街上家家戶戶都在門口燒金紙，還以為是在焚燒垃圾，差點把手上的紙杯丟進去。」

是啊，幾年前大家都覺得普渡或拜拜，一定要在自己公司門口、店門口才會旺，但至少我自己開的公司和周邊的商辦大樓，現在都很習慣聯合普渡了。

我有一次經過東區市民大道的財神廟，忽然想進去謝謝財神，結果廟方也說：「用手拜拜就好了，我們香爐沒開哦！」

我記得署長在推動減香減金的時候，很幽默地說：「大家都覺得要燒多一點才旺，結果造成另一邊通貨膨脹啦！」我真心佩服這樣的智慧。

你或許覺得他是政治人物，不算基層公務員。但臺灣現在的乾淨、進步、多元價值與互相尊重，並不是靠政治人物喊一喊就達成，那是由很多基層公務員持續推動，由很多很多小小的勝利累積而來。

豐盛練習17——尋找樂業

我相信在鬆動限制信念並認識自己之後，你一定知道什麼事情可以讓你樂此不疲，只是過去的信念可能還是會讓你很懷疑自己真的能以此維生嗎？真的能做自己喜歡的事嗎？所以我們要做以下的這個練習，這個作法來自拜倫．凱蒂（Byron Katie）與史蒂芬．米切爾（Stephen Mitchell）合著的《一念之轉：四句話改變你的人生》[22]：

❖ 先寫下你的煩惱（例如：公務員不能兼職，所以我覺得我就是只能領固定薪水，做到65歲退休，雖然這樣我就不能到處出國，過我喜歡的生活）。

❖ 問自己「真的嗎？」

❖ 再問自己「這是千真萬確、百分之百的事實嗎？」

❖ 我想走的路真的全世界都沒有人走過嗎？這是個史上聞所未聞、前所未見的挑戰嗎？

❖ 不是的話，先行者在哪裡？

❖ 他們有沒有出書、有沒有自己的頻道、有沒有公開演講或辦讀書會、工作坊？我還有哪些方法可以拉近距離？

---

22 心靈平安基金會出版，2007。

靠買東西也能打造事業？

如果有人很納悶，我真的可以放心去做我喜歡的事嗎？我想介紹英國傳奇藝術品買家高登．華生（Gordon Watson）的故事。

高登．華生從小在英國曼徹斯特郊區長大，他自述成長背景時說：「我爸媽除了我之外，一無所有」。不過他從小沒有別的興趣愛好，就是對於花錢購物充滿狂熱。看上了一樣東西就一定要買到手。他的父母沒錢支持他的愛好，所以他從十一歲開始打工，一領到薪水就去跳蚤市場滿足慾望、鍛鍊眼光。

「買買買是我的快樂源泉，賣了就有更多錢去買。」

他真的好愛買，而且眼光獨到，他在蘇富比的古董部門工作多年後，自立門戶在一九七九年開了自己的藝廊，開幕那一天當時價值十五萬英鎊的所有展示品都被搶購一空！他不斷累積口碑，短時間內頂級富豪都想要他的品味和眼光。高登．華生打造了價值上億的收藏事業帝國，不僅歐洲各國貴族，還有美國的影視巨星都曾託他協助選購家具、古董、藝術品。

在攝影團隊面前，高登．華生並不是一個很高冷的藝術品買家，事實上，中年且圓胖的他看起來就像是一個很愛逛玩具店的小男孩，他喜歡聽藝術家和設計師說故事，從來不會不懂裝懂，他充滿好奇與誠意地一直讓自己獲得新的體驗、新資訊。

面對從小在古堡長大、自幼和古董相處的頂級富豪，他更不可能裝懂，他依然充滿好奇與誠意地去認識這些客戶的過去，以及他們想要的未來。每次受到客戶委託，他最高興的就是能有資金去買買買，而且買到的藝術品都能有個很棒的新家。

而且他不迷信高價，所以他常挖掘到初出茅廬的新銳藝術家，在他的影片裡面，有一集他到阿姆斯特丹的設計工作室，看到了用真蒲公英做成的燈！真正的蒲公英！設計師用鑷子一根一根地把蒲公英種子黏在燈泡上，做成一顆顆圓滾滾電蒲公英，再用數百甚至數千顆電蒲公英集合成裝置藝術，絕美地結合自然與科技。

為什麼他可以靠買買買打造出一番事業？我身邊有朋友從事選品業，我發現他和高登說話的方式出奇相似——他們都有旺盛的好奇心，會深入理解品牌的故事和產品的細節，而且他們都樂於分享。

當我們在從事自己喜歡的活動，能夠每次都有新發現，就是在練習把這件事情做得更精、更深；能夠把自己的新發現和別人分享，就是在打開豐盛的天線。

豐盛練習18——樂在其中

- ❖ 請你找個舒服的坐姿，慢慢深呼吸，放鬆身體和大腦。
- ❖ 想想自己在做什麼事情的時候會感覺樂在其中、樂此不疲、其樂無窮。請你誠實地面對自己，這個答案不必是別人眼中覺得有用的事。
- ❖ 你的答案甚至也可以是睡覺、逛街、買買買。
- ❖ 從現在開始每週都要至少做一次這個讓你樂在其中的活動，每次做完之後都要獲得一點你原本不知道的事，沒做就不會曉得的事。
- ❖ 樂於分享你的新知。

Note

——寫下你的想法，覺察自己！

13

現在，啟航吧！

我們做了那麼多練習，清除了限制信念並深刻了解自己的天賦和價值，對豐盛的未來有了清晰的描繪之後，接下來，就是要行動了

請先找到你的旅伴，把「完美的一天」說給他聽。旅伴是要和我們同舟共濟的人，是能互相依靠，在航程中互相支持的人，和你一樣在乎未來的人。旅伴可能是家人，也可以是朋友或同事，盡量不要只有一個人，免得自己過分在意別人的意見，又忽略了自己真實的心聲。如果有三個人，不同的意見讓你交互參考，也讓你知道世界上沒有絕對的正確答案，這樣心裡會平衡一點。

列出旅伴名單之後，請你很正式地邀請他們單獨吃午餐或喝咖啡，把你的理想生活說出來。千萬不要在上班途中或是做家事的時候拿起電話討論你的未來。未來很珍貴，值得你謹慎以對。

要當面說出你的夢想，你可能都會覺得有點赤裸、脆弱。這樣很好！坦誠是和別人建立信任最快的方法。許多人會擔心「如果我說出內心真正想說的話，如果我

做了內心真正想做的事，可能會失去現在的工作、家庭、朋友。」

布芮尼・布朗（Bren Brown）博士在談脆弱的力量時說到：「我們都會擔心，有個部分的我，如果被其他人知道了，別人可能會不想與我往來。」但「脆弱也孕育出喜悅、創造力、歸屬感和愛。」

為什麼呢？因為我們想啟程的時候，心裡已經很清楚現狀滿足不了自己了。不管你有感覺到明確的召喚，或只是隱隱感覺現在的生活好像少了什麼，但是盤點下來有工作、有收入、有家庭，看起來好像樣樣不缺，自己也說不出來到底少了什麼——你都知道留在起點不出發只會有遺憾，你都知道至今為止的人生體驗不夠圓滿。

如果我們的大腦經過邏輯計算，決心要留在原地，忽略內心的召喚，堅持不航向未來，我們會開始練習麻痺自己，讓自己感覺不到失望、感覺不到空虛、感覺不到嚮往，但我們不能選擇性麻痺感受，我們一旦想麻痺這些負面感受，我們也會感覺不到快樂、感覺不到滿足、感覺不到熱情。

榮格心理學派的原型心理學家卡蘿．皮爾森博士（Dr. Carol S. Pearson）說我們如果已經感覺到自己需要離開現狀，需要擴大意識、提高格局、拓展眼界，但是卻拒絕這股內在的聲音，就會想要在已經倦怠的日常生活中找到「活著的感覺」，因此開始咖啡因過量、酒精過量、安眠藥過量，或者把自己訓練成救火隊，在危機處理的過程中，靠過量的腎上腺素體會自己的存在感和價值感。

「我們能做的事，就是展現自己脆弱的那一面，讓自己的脆弱被看見。」布芮尼．布朗博士說。

我們去找旅伴討論理想的生活，就是要讓他們知道，你想成為更好的自己，想要為自己創造更精采、更豐盛的人生體驗，他們可以同舟，或者他們也可以當你的避風港，在你需要充電的時候支持你、陪伴你。

這麼做有兩個用意，一是給自己「言出必行」的決心。語言有力量，當我們練習著把內心的畫面說出來，就會感覺那畫面更真實，體會更清晰。二是培養成長思維，讓你的旅伴知道你也會緊張、你也會憂慮，創造人生體驗不需要破釜沉舟，不需要斷絕後路。事實上，「只准成功不准失敗」的思維就是反成長思維，就是這種豪賭才讓人無法展現脆弱、無法從挫折中學習。

很多個案都曾經在潛意識裡回到最挫折的那一天，也許是考試沒考好或比賽失利，然後對家長哭喊著：「我不要你責備我、嫌棄我，我只想要你陪我度過那段低潮。」當我們如實表達自己的需求，我們的關係和境遇就會隨之變化。

問前輩就對了！

不管你想要什麼人生體驗，即便是上太空，都能找到有經驗的人。請教別人的經驗很重要，我的譯作《也許你該跟未來學家談談》[23]裡要找的是專家，《發現天賦之旅》要找的是族人。經過我和數百位工作坊學員對談之後，我覺得大家最容易理解的概念就是「前輩」。

23 布萊恩．大衛．強森，《也許你該跟未來學家談談：一堂前所未見的人生規畫課，所有問題你都可以問》（*The Future You: Break Through the Fear and Build the Life You Want*），先覺，2021。

如果你想要在某個學區買房，你的前輩就是在這個學區買過房子的人。如果你想要投資股票，你的前輩就是投資過股票的人。

我想要單身成家，所以我的前輩就是自己成家的媽媽。我想要帶兒子環遊世界，去不同的地方接受教育，我的前輩就是有這樣經驗的人。

你的前輩清單裡面，最好要有成功經驗，也有失敗經驗的人。舉例來說，你想投資美股，那你的前輩裡面就要有投資美股獲利的人，和投資美股失敗的人。這是一個很棒的機會，讓我們從錯誤和失敗中學習，從負面經驗中鍊金。

我決定單身成家之後，訪問過很幸福、很快樂的單親媽媽，也訪問過想要人工受孕卻一再流產的媽媽、成功生下孩子但孩子卻遭逢意外的媽媽、懷孕時又談新戀情的媽媽。我在自主單身成家的媽媽聚會中，學到最重要的一件事，就是預立遺囑。

他們很慎重地叮嚀我：「妳如果帶這孩子來到這世界，又選擇在離鄉背井的時候成家，那妳就是這孩子唯一的依靠，妳走了，他就是孤兒，妳要把後事想清楚。」

許多原本只是一時感情受挫的單身女性，就會在這個活動中認真思考自己的決心。我覺得這活動超棒，沒有人在潑任何人冷水，只是很單純地把狀況拿出來討論，若在這時候打退堂鼓，也是一個很棒的決定，因為成家生子本來就是大事，沒必要意氣用事。

找到前輩之後，就可以從他們身上盡量學習，你要像海綿一樣，盡量吸收。既然你的未來和他的過去相似，你就要知道他們是怎麼走過來的。如果說著說著，你的未來和他的過去並不相符，那你還是可以了解他們的旅程和他們的心得，依然會很有幫助。

所以去見前輩之前一定要把問題都先列下來，你可以問他們當初是怎麼下定決心的、用了哪些資源、遇過哪些難關。我都把前輩當做「地獄的先行者」，我相信每個地獄都有先行者，我現在的痛苦或困惑一定有人能體會，所以我最喜歡問的問題就是：「如果你是我，你會怎麼做？」

和前輩見面，盡量放輕鬆，對方願意和你聊，就是願意和你分享，所有的互動都充滿善意。請你真誠地說出你的理想未來，你要是因為害羞而在描述時打折，你得到的回饋也會打折。當你具備信心，前輩也會對你有信心。

我以前帶工作坊，有個學員跟我說，和前輩對話讓他很緊張，有點不舒服，那時候我覺得：要舒服的話我們躺在沙發上追劇就好啦，何必打造未來？是不是？

但我後來從冥想中得到了啟發，請大家再次告訴自己，前輩是指有過相同經驗的人。如果你擔心你向前輩取經的時候會緊張，那麼你就用業力管理法則，你先想想你有什麼成功的經驗、失敗的經驗可以分享給別人，或許是在職場上有所斬獲的心得，或許是在職場上灰頭土臉的心得。或許是育兒時非常驕傲的時刻，或許是育兒時非常崩潰的時刻，你都可以記錄下來和人分享！你願意當別人的前輩，就會找到很樂於和你分享，很無私、很慷慨的前輩了！

畫出你的航線

有隊友和前輩之後，請你拿一張白紙，在上面畫一條曲線，前端是起點，就是你目前的生活；後端是「這趟」航程的終點，你想要的豐盛未來，請你評估一下，你需要多少時間：半年、一年、三年？

我的建議是不要超過三年，如果你設定的目標要五年、八年、二十年才能達成，你不妨想一下：二十年後的我要達成這個目標，那三年後的我有什麼小成就？然後改以這個三年後的目標為終點。

假設你原本想在五年之內生兩個小孩，那你不妨先畫出第一條航線，是三年之內讓第一個孩子去托嬰中心。

我通常會強烈建議學員不要畫直線，因為直線很容易讓人在潛意識裡覺得這段時間裡的發展是直線，我建議大家畫弧線或曲線，在潛意識裡自然接受這段時間會有起有伏的暗示。

畫出這條線之後，請在這條航線一半的地方做個記號，寫下「中繼站」，如果這條航線要花四年，那麼兩年後的你就會抵達中繼站；在起點和中繼站一半的地方做個記號，寫下「前哨站」，這就是一年後的進度。

接下來，請你想一想，當你航行到中繼站的時候，你應該已經完成了哪些任務、還要完成哪些任務？

再來想想，當你航行到前哨站的時候，你應該已經完成了哪些任務、還要完成哪些任務？

以我自己的航線為例，我希望開心果可以讀實驗小學，我設定中繼站是找到屬意的學校，前哨站是讓開心果和我媽都能認識實驗教育、嚮往實驗教育。

如果你的目標是兩年內轉職，那你也可以想一下，一年後的自己要做到哪些準備、半年後的自己要做到哪些準備。

接下來你就可以回到起點，去列出行動方案，現在的你要採取哪些行動，才能在這個航海計畫啟動了四分之一的時間後抵達前哨站，當你到了前哨站，你要採取哪些行動，才能在航海計畫進行到一半的時候抵達中繼站。

關於行動方案怎麼列，我覺得問前輩最準。畢竟人生不是線性發展，有時候我們在寫計畫的時候難免一廂情願，但前輩有活生生血淋淋的體驗，可以提醒我們有哪些漏掉的行動，也可以提示我們有哪些行動其實沒有我們預期的效果。

確實，我們都沒有預知未來的能力，但先行者已經替我們探過路了，我們未來要走的路是他們過去走過的路，他們的經驗就是我們的前瞻。

豐盛練習19——畫出你的航海圖

- 終點是「完美的一天」，起點是現在。
- 在兩點之間畫一條曲線，在曲線旁邊寫下你預計花多少時間，假設是一年，那就寫下明年今天的日期。
- 在這條線的中間，打顆星星，寫「中繼站」，寫下半年後的日期。
- 在起點和中繼站的中間打顆星星，寫「前哨站」，標三個月後的日期。
- 帶著航海圖向前輩請教，在起點的你要做哪些準備才能在三個月後抵達前哨站。
- 前哨站的你要開始採取哪些行動，才能在六個月後抵達中繼站。

Note

——寫下你的想法，覺察自己！

前輩也可能是路障指示牌

在我寫完這章的時候，剛好發生了一件事。我去上了司法通譯培訓課程，在這個課程中有許多同學嚮往用自己的語言能力協助臺灣的司法體制，進一步實踐程序正義。學員的組合很奇妙，基本上除了英文組之外，其他同學都是新住民。他們在臺灣居住已久，不但精通臺灣的語言，也比自己的同鄉更熟悉里長、警察、派出所。他們聽懂越南文、泰文、印尼文都不是問題，因為那是他們的母語。老師在上課的時候不斷提醒同學，司法通譯不是一份朝九晚五的工作，有時是半夜接到機場電話，要調查入境旅客有沒有走私毒品的嫌疑；有時是凌晨接到派出所通知，要協同家屬去殯儀館確認死者身分。老師說：「你們不會希望案源滾滾，靠這工作財源廣進，因為每通電話背後都代表有人遭逢不幸。」

新住民擔任司法通譯，我可以感覺到大家圖的都不是微薄的時薪。這份工作對他們充滿意義，除了更認識里長、警察、議員，自己略有僑領的名聲和威望之外，孩子與家人也更熟悉臺灣的法治制度，這些都是錢買不到的收穫。

相較之下，臺灣的同學會來報名司法通譯的課，通常是想增加斜槓的收入，而英文不是他們的母語。

誼誼會英文、會日文也會手語，因為日文課同學報名了司法通譯培訓課程，所以她也決定一起受訓。司法通譯培訓課程對英文能力的要求大約是全民英檢中級合格。課後誼誼問我「法律英文有專門的書本嗎？我要怎麼加強法律觀念？我要怎麼做才能跟妳一樣？」

我感覺自己好像有個竅被打開了，我覺得宇宙就是派誼誼來協助我完成這一章的。

我們在尋找前輩的時候，最好是條件和自己相近，但是已經走過面前這一關的人，例如英文能力相近，已有幾年司法通譯經驗的人。

也就是說，假設我想找個教養的前輩，我不需要去訪問唐鳳的媽媽或妮妃雅的媽媽，而是要去找「能讓孩子準時上床睡覺」的媽媽、「能讓孩子做出正確飲食決定」的媽媽、「能陪孩子梳理情緒」的媽媽。

這也是「成長思維」很難實踐的原因，如果大家把目標設得太遙遠，很容易被過程中的挫折感擊退。在鑄造未來的時候，我們只要一次前進一步就夠了。

我不知道全民英檢中級合格的程度要怎麼躍升到專業會議口譯員，我認識的口譯員都是從國中起就開始打磨自己的雙語溝通能力。但我相信有很多全民英檢中級程度的司法通譯可以和誼誼分享經驗，他們比我更適合當誼誼的前輩。

我問誼誼為什麼想當司法通譯，她說自己已經下定決心要陪伴小孩成長，所以要當全職媽媽，不讓孩子去安親班，因此想找彈性工時的語言工作。

我知道我如果用平常對個案說話的直白口氣，她一定會被我嚇死，於是我換個方式問：「那妳對哪種案件比較有興趣？離婚、遺產、家暴、性侵、還是醫療訴訟、詐欺、詐騙？」

誼誼楞了一下說：「這些我都沒有接觸過。」

我又問：「假設今天虐童案進入司法程序，有外籍學生被虐致死，外籍家長要作證。妳能用第一人稱把台籍虐童犯說的每一句話都翻給外籍家長聽嗎？或者，如果是台籍學生被外籍老師凌虐致死，妳能用第一人稱把外籍虐童犯說的每一句話都翻給家長聽嗎？」誼誼已經說不出話來了。

我又問誼誼：「妳聽起來就是對語言很感興趣、喜歡學也喜歡用，妳要不要考慮把妳的語言天分用在其他地方？司法通譯聽不到幸福快樂的故事，妳確定妳要從全職媽媽過渡到這個角色嗎？妳做完這場通譯工作之後，回家能平靜地面對孩子嗎？」我建議：「如果妳去當外語導遊，可以邊工作邊遊歷，增加自己對風土民情的認識，也會給孩子很好的養分，不考慮嗎？或者為孩子讀外語繪本，這些都是妳現在就辦得到，而且能感受到幸福的工作。」

吾友喵喵聽了我和誼誼的對話後說：「找前輩應該先充分明白自己即將要面對什麼，而不是花費大把心力將自己推入進退兩難的殭屍狀態。」

這我也好認同。很多職場書都會建議讀者去觀察直屬主管，看他們的生活是不是你嚮往的樣子。如果你不想和主管一樣三餐不正常、作息不規律、情緒不穩定、感情不和睦，那你還會想要成為下一個他嗎？

在訪談前輩的過程中，如果被潑冷水，要怎麼恢復心情呢？丹達帕尼禪師的能量判斷法在這裡很好用。一個真心不希望你碰到危險的人不會傷害你的價值感。他的這桶冷水應該是針對「事」而不針對「人」，例如司法通譯的工作需要見到披著人皮的畜牲，還要幫他們發言，會讓譯者很反感。這和誼誼的能力無關。

如果確定這桶冷水和人無關，那前輩就是路障指示牌，在告訴我們「此路不通」。大家可以想像看，我們在開車的時候，如果眼前有兩條路，一條設了路障，另一條很暢通，正常人是不是都會選那條暢通的路。但是，有時在人生路上，很多人就是要停下車，去看看路障上面有沒有寫什麼時候會移除，或是打電話給公路局：「我就是想走這條路啊，為什麼要封起來？不能馬上來處理嗎？你們封路就不符合我的人生規劃了呀！」

畢竟前輩是先行者，告訴你哪裡有漩渦、哪裡有暗流，也是航海時很重要的資訊。

豐盛練習20——尋找前輩

- 你的目標是什麼？是買房子嗎？是選學校？是換工作嗎？是談戀愛嗎？是結婚或生子嗎？是存錢嗎？是投資嗎？
- 你身邊有誰做過這件事？
- 如果你身邊沒有人做過這件事，哪些人做過這件事？有什麼網路社群可以找到有這個經驗的人？
- 找到前輩之後，你可以提出這些問題「你做了哪些準備？」、「你用了哪些工具？」、「你碰過什麼問題？」、「有哪些事前完全沒料到的問題？」、「你怎麼解決這些問題？」、「除了原訂的目標，你有沒有意外的收穫？」、「如果你的小孩也要做一樣的事，你會給他什麼建議？」
- 當然，你也可以提出你自己的好問題。

Note

——寫下你的想法，覺察自己！

14

結語：豐盛從何而來

其實我們每個人生來就是豐盛的。

所謂人貴自知，就是認清自己沒有答案、沒有資源、沒有能力。

擁有這份自知，我們就不會想要去承攬別人的責任，完成別人的功課。

擁有這份自知，我們就會願意學習、維持謙卑、始終好奇。

擁有這份自知，我們就會理解自己什麼時候樂此不疲、什麼時候生無可戀。

冥想或靜心，都是讓我們更認識自己，擴大這份自知的工具。

改變後，他們都增加收入了

斑斑原本每天在辦公室裡過著枯燥無味的生活，特別是一年前新主管上任後，整個辦公室氣氛變得更加壓抑，同事紛紛離職。經過潛意識溝通和冥想練習之後，斑斑開始約以前的同事出來吃飯聊天，其中一位就說她過去一直很佩服斑斑的能力，而她的新工作很順利，新公司的文化和氣氛也很健康，正在拓展業務招兵買馬。後來斑斑不但接受推薦到這間新公司去和舊同事再續前緣，而且還以過去的工作經驗為基礎，直接當上小主管。

畔畔決定和先生好好溝通，決定搬離婆家，原來他們剛結婚的時候就投資了一間小套房，有租金收入，她和先生重新檢視了兩人的資產配置，打算先把小套房收回來，讓自己的小家庭先從三代同堂的環境中自立，再以小換大。畔畔說她沒料到，搬出去之後，先生和小叔的關係變好了，原來他們在雙重三明治的三代同堂關係裡也非常壓抑。畔畔說最大的改變是自己和孩子的關係改善許多，因為自己不再把蝸居的壓力轉嫁、遷怒到孩子身上，也不會覺得孩子在公婆面前、在客廳的表現是在反映自己的教養了。

蔓蔓開始有意識地覺察，不讓自己無止盡、無限度地把別人的需求放在自己前面。會議壓力太大的時候，她會提議去倒咖啡，讓自己呼吸新鮮空氣，調整心情。她開始拒絕別人叫她工作，並且很雀躍地跟我說：「我原本以為會發生的壞事都沒有發生。拒絕別人不會被白眼、不會被冷凍也不會被報復。我只後悔沒有早點拒絕。」

釩釩不會在付錢的時候犯嘀咕，可以更感激金錢的流動為他帶來更好的生活品質，或者為家人創造更好的體驗。鐔鐔對人更有同理心，能夠理解他不必每件事都追求完美，不完美的體驗有時候也很精采，不是有任何瑕疵都一定要開檢討大會找戰犯。丹丹和楠南辭掉了「通靈者」的角色，不再要求自己察言觀色、見微知著，不會在別人還沒開口之前就預設對方一定是在想什麼事情。欄欄和杆杆離開了過勞的環境。箋箋找到了理想的新工作，千千建立了能正向溝通的家庭。

最重要的是，他們在化解了這些心頭大患之後，收入都增加了。為什麼會這樣呢？

因為大腦的前額葉皮質控制了我們的執行力，讓我們能察覺問題、有效推理、策劃解法、判斷決策，前額葉也會協助我們調整情緒反映，克服壞習慣，用更寬闊高明的格局和眼見做出選擇，讓大腦建立自己的思路，不再盲從或倚賴別人的價值判斷。所以接納一切的遭遇，允許情緒流動，並且在冥想的過程中關心自己就是全腦開發，就是在啟動大腦的高階皮質功能。

一個不容易遷怒他人，遇事能冷靜思考，釋放想像力和創造力，決策前還能找到先行者探路，審慎布局的人，自然是一個能讓人放心、信任的人，自然會是大家會想合作和共濟的對象。

追求愛，還是追求金錢

大家都想要有錢，都想要富裕的生活，這個出發點並沒有錯，但是讓「追求金錢」這個目標來決定我們如何使用自己的身體與大腦，就像是在航海的過程中只注意著哪裡有漁獲和珍珠就去哪裡捕撈，最終會患得患失，經常擔心這個漁場會不會耗竭、會不會有新的競爭者、要不要去別人說的大漁場，回頭的時候才發現這輩子走過的路都不是自己決定的。

許多人因為經濟壓力或財務目標，不敢發揮自己的天賦和才華，勉強自己在熟悉的環境裡賺取收入，逐漸失去自信，感到茫然與焦慮，愈來愈無法表現真實的自己。

這是因為……金錢可以帶來生活的便利，但無法啟動大腦的高階皮質功能，唯有體驗和感受才能增加一個人的決策能力和選擇範圍。

擁有大量財富的人，若缺乏對生活的真正理解與對自己的清晰認識，選擇依然會受限，那麼金錢不僅不能帶來自由，還會成為一種束縛，讓人陷入失落與煩惱中。

能夠啟動大腦高階皮質功能的人，可以在有限的資源中創造出無限的可能。因為他們具備開放的心態，能夠接受新境遇、新挑戰，善於求知與求助，所以可以開創出新局面。這種靈活的適應力會協助他們累積更多資源，實現財富的成長。

《能量七密碼》的作者蘇・莫特說：「有時真的很難相信我們可以選擇『去愛就好』。」

大道至簡，祝福各位的需求都能輕易地滿足，慾望都能輕易地實現。

豐盛來自你如何愛自己，如何去愛。

豐盛鍊金術就是
Do what you love.
做你喜歡做的事

致謝

這本書能順利出版都要感謝金編波比，我們原是譯者和編輯的關係，或許是言談或許是育兒雜記，讓金編波比看出了我的寫作潛力（？），我從一開始不知道怎麼選題、怎麼設定主軸，到中間不知道怎麼收斂發散的思想，金編波比一直鼓勵我：「寫就對了，整稿和定位是我的強項，妳放心寫。」

在寫書的過程中，我被注入了好多劑強心針，相當痛快！

題外話：「心裡便祕」一詞是金編波比想出來的妙喻，我不能奪她的功勞，大家在書中看到就會和我一樣佩服了。

我還要感謝我的恩師張淑瑤老師，我年輕時經歷重大感情挫折，成了淑瑤老師的催眠個案；新冠肺炎爆發後我經歷重大經濟挫折，成了淑瑤老師的學徒，才更理

解潛意識的博大精深。

我要感謝我的個案，謝謝你們不嫌棄。我向來不是個溫柔的人，謝謝你們體諒我的急白，謝謝你們成就了這本書，謝謝你們布施經驗、布施智慧、布施善念。

謝謝我身邊悟性超凡的喵喵、芬妮、魔法主婦和 Leslie，經常無意在日常對話中就脫口說出能讓人破除執念的話，每次和你們聊天都是醍醐灌頂。

謝謝我的兒子開心果，因為有你，我開始思考生活、工作與財富的意義，然後發現有很多事情都沒有意義。

最重要的是，謝謝我的媽媽林瑞惠女士。當我的媽媽非常辛苦，我真的很抱歉，也真的很感激。我失業讓她擔心，我創業也讓她擔心。我失戀讓她煩惱，我成家讓她更煩惱。我的媽媽用人生歷練證明了許多宇宙的道理，我都寫進書裡了。祝福各位讀者可以從她的嘆息和淚水中得到養分和鍊金的能力。

國家圖書館出版品預行編目(CIP)資料

你也能學會的豐盛鍊金術：14天清除限制信念與金錢匱乏感,重啟你的豐盛之路/葉妍伶(Renee)著. -- 初版. -- 新北市：大樹林出版社, 2025.01
面；　公分. -- (心裡話；21)
ISBN 978-626-7592-04-5 (平裝)

1.CST: 靈修

192.1　　113018141

系列／心裡話21

你也能學會的豐盛鍊金術

14天清除限制信念與金錢匱乏感，重啟你的豐盛之路

作　　者／葉妍伶 (Renee)
總 編 輯／彭文富
主　　編／黃懿慧
校　　對／邱月亭、楊心怡
封面設計／Ancy Pi
排　　版／邱方鈺
出 版 者／大樹林出版社
營業地址／23357 新北市中和區中山路 2 段 530 號 6 樓之 1
通訊地址／23586 新北市中和區中正路 872 號 6 樓之 2
電　　話／(02) 2222-7270　　傳　　真／(02) 2222-1270
E-mail／editor.gwclass@gmail.com
官　　網／www.gwclass.com
Facebook／www.facebook.com/bigtreebook
發 行 人／彭文富
劃撥帳號／18746459　　戶　　名／大樹林出版社
總 經 銷／知遠文化事業有限公司
地　　址／222 深坑區北深路三段 155 巷 25 號 5 樓
電　　話／02-2664-8800　　傳　　真／02-2664-8801
本次印刷／2025 年 2 月

本書線上導讀課
大樹林學院官網
大樹林學院新 LINE
大樹林學院微信

定　　價／450 元　　港　　幣／150 元
I S B N／978-626-7592-04-5